“联”动未来

发挥学校主导作用的
校家社协同育人机制构建

周雯婕——编著

文匯出版社

序

以机制创新破题，构建协同育人新生态

历史的车轮辚辚驶过世纪长卷的第二十五年，家庭教育从“家事”上升为“国事”的定位变迁，彰显了党和国家对儿童成长的高度重视，揭示了新时代育人格局的深刻变革。《中华人民共和国家庭教育促进法》的正式实施，教育部等十三部门联合印发《关于健全学校家庭社会协同育人机制的意见》(以下简称《意见》)的出台，都标志着我国教育治理体系迈入“校家社协同育人”的新阶段。值此关键时期，欣闻上海市家庭教育名师工作室主持人周雯婕与团队编纂的《“联”动未来：发挥学校主导作用的校家社协同育人机制构建》即将付梓，细读书稿，深感此书恰逢其时，既有协同育人的理论探讨，更有丰富的实践创新。

一、时代之问：协同育人何以从理念共识走向机制创新

在数字化转型与社会结构变迁的双重背景下，教育生态正面临前所未有的挑战：学校教育制度化供给的刚性框架与家庭教育个性化需求的弹性空间如何兼容？社区资源的碎片化如何转化为育人合力？家校矛盾从线下争执蔓延至网络空间的治理困局如何破解？这些问题的背后，实质是缺少健全的协同育人机制。本书主编团队以“机制构建”为切入点，展现出难能可贵的理论勇气与实践智慧。书中提出的“评估、支持、反馈、保障”四大机制，既精准对应《中国儿童发展纲要(2021—2030年)》中“完善协同育人机制”的核心要求，又创造性构建起“诊断—赋能—调适—护航”的闭环系统。这种将顶层设计与基层创新相结合的思维路径，正是破解当前校家社合作“表层化”“运动式”痼疾的关键密钥。

二、实践之答：从经验碎片到系统集成的范式升级

机制构建具有复杂性：它既需要教育学、社会学、管理学的跨学科理论支撑，也离不开对中国家庭文化特质的深刻洞察。本书的独特价值在于，它既不是象牙塔里的纯理论推演，也非简单的案例汇编，而是构建起“理论—机制—案例”的立体化知识体系。

本书不是就事论事，而是注重理论溯源，具有严密的逻辑架构，每个机制设计均包含“理论溯源—机制框架—操作流程—实践反思”四重维度，视野开阔，基础扎实，理论与实践相结合，可读性强，覆盖人群广泛，是一本很有价值的指导手册。

三、使命之唤：让机制创新滋养每个生命的成长

本书有很多生动的案例，代入感强，令读者身临其境，这些微观叙事让我们清醒认识到：机制创新的终极价值不在于制度本身的精巧，而在于其能否转化为滋养生命成长的真实力量。

当前，我国正处在建设教育强国、推进中国式现代化的历史新征程。本书展现的上海在校家社协同育人方面的有益探索，尤其是构建的机制框架，对破解家庭教育指导服务“最后一公里”难题具有启发和参考价值，十分可喜。相信该书的出版，必将推动更多地区从“经验探索”走向“制度创新”，让协同育人真正成为落实立德树人根本任务的坚实支点。

是为序。

中国儿童少年基金会理事长
中国家庭教育学会首席专家

2025 年 5 月

目录

理论研究篇

实践探索篇

理论研究篇

上海市卢湾高级中学　周雯婕

协同育人：从“教育理想生态”到“教育新生态”

学者张志勇认为“校家社协同育人是一种教育新生态”①，强调学校、家庭和社会需打破传统割裂状态，形成有机协同的育人新格局。事实上，构建这种协同育人的格局已经内嵌在中国教育现代化的时代命题中。在教育被寄予高期望和承受高压力的今日社会，校家社协同育人的“教育新生态”对于独木难支的学校、经验有限的家庭乃至更多相关部门和单位而言，无疑是众望所归的理想格局。

一 校家社协同育人的历史演进与时代发展

从中西方的教育理念和实践发展来看，“校家社协同育人”历来是“教育理想生态”，这也是今天进一步落实校家社协同育人以及建立健全校家社协同育人机制的重要背景。

（一）中国的校家社协同育人

在中国，学校、家庭和社会协同育人虽无明确单一源头，但仍可追溯到古代的相关教育理念与实践。及至近代，陶行知等教育家的理论与实践更显著推动了校家社三方协同育人的发展。

---

① 张志勇，《校家社协同育人是一种教育新生态》，《中国教育报》2023 年 11 月 26 日第 3 版

1. 历史演进

(1) 古代教育的理念与实践

中国古代社会就非常重视家庭教育,许多家训、家规如《颜氏家训》《朱子家训》等,都体现了家庭在品德培养、行为规范等方面对子女的教育作用,为孩子进入社会和接受学校教育奠定基础。家庭被视为教育的重要起点,是协同育人中家庭维度的早期体现。

中国古代教育也具有鲜明的社会教育元素,如通过乡约、宗庙祭祀、民间艺术传承等形式,对民众进行道德、文化等方面的教育和熏陶。古代的乡约最早可追溯到周代,包含了很多道德规范和行为准则,引导人们遵守社会秩序、互助互爱,可以看作是社会教育在协同育人中的早期实践。

中国古代的学校教育与社会有着一定的联系,例如古代的太学、书院等教育机构,培养的人才要为社会服务,参与国家治理和社会建设等。同时,社会中的贤达人士也会参与学校的讲学等活动,为学生传授知识和经验,体现了学校与社会在教育上的某种协同。

(2) 近代教育家的理论与实践

近代中国的教育家也特别强调教育与生活、学校与社会的紧密联系。陶行知先生提出"生活即教育""社会即学校"等理论,主张打破学校与社会之间的壁垒,让教育回归生活,让学生在社会的大课堂中学习和成长,这为校家社协同育人勾勒出了清晰的思想轮廓。

陈鹤琴先生提出"活教育"理论,强调教育要以幼儿为中心,注重家庭教育与学校教育的配合,同时也要让幼儿接触社会生活,在大自然、大社会中获取知识和经验,对推动校家社协同育人在幼儿教育领域的发展具有重要意义。

2. 时代发展

(1) 顶层设计

党的十八大以来,党和国家高度重视学校家庭社会协同育人问题。2018年,习近平总书记在全国教育大会上指出"家庭是人生的第一所学校,家长是孩子的第一任老师,要给孩子讲好'人生第一课',帮助扣好人生第一粒扣子"。2020年,《中共中央关于制定国民经济和社会发展第十四个五年规划和二〇三五年远景目标的建议》明确提出,要"健全学校家庭社会协同育人机制"。

2022 年 1 月,《中华人民共和国家庭教育促进法》落地施行,明确了家庭教育的法律地位,要求“家庭教育、学校教育、社会教育紧密结合、协调一致”,规定了学校家庭社会多方主体的育人责任。2022 年 10 月,党的二十大报告提出“健全学校家庭社会育人机制”,强调了学校家庭社会协同育人在推进新时代高质量教育体系建设中的重要意义。为进一步指导各地深入推进协同育人实践工作,2023 年 1 月,教育部等十三个部门联合印发的《关于健全学校家庭社会协同育人机制的意见》明确指出:要“积极构建学校家庭社会协同育人新格局”。2024 年 11 月,教育部等十七部门联合印发《校家社协同育人“教联体”工作方案》,要求各地全面建立以学校为圆心、以区域为主体、以资源为纽带的协同育人“教联体”,加快形成学校家庭社会协同育人新格局,到 2025 年,50% 的县建立“教联体”;到 2027 年,所有县全面建立“教联体”。

(2) 职责定位

2023 年 1 月,教育部等十三部门联合印发《关于健全学校家庭社会协同育人机制的意见》,提出要推动形成“学校积极主导、家庭主动尽责、社会有效支持”的协同育人机制,也明确了学校、家庭和社会在育人过程中的职责定位。

学校要发挥主导作用,把做好家庭教育指导服务纳入学校重要工作,通过家长会、家访、开放日、接待日等制度和线上线下各类平台定期组织家庭教育指导活动,及时沟通学生情况,积极开展家校共育;通过建立家庭教育指导委员会和家长委员会,提供个性化家庭教育指导,尤其关注特殊家庭、特殊身心状况等困境群体;通过联动政府各部门和社会资源单位,统筹、创新和整合各类社会资源,建立社会实践教育基地和资源目录清单,设计项目、开发课程、组织实践;通过专业能力建设,培养和提升教师家庭教育指导能力,并将家庭教育指导纳入教师考评体系。

家庭要履行主体责任,树立科学教育理念,提高家庭教育水平,注重家庭建设,加强家风建设,创造良好家庭环境;陪伴、关爱子女,积极亲子互动,学会理解尊重,开展平等沟通;协同学校教育子女,参与家长会、学校开放日等共育活动,主动开展家校沟通;培养子女良好行为习惯和品德修养,包括按时完成每日课业学习、合理使用电子产品、适度开展体育锻炼,积极从事家务劳动等;引导子女体验社会,带领子女参与志愿服务、职业体验等活动,亲近自然、开阔眼界、增长见识、提高素质。

社会要提供全面支持，完善社会家庭教育服务体系，建设覆盖城乡社区的家长学校等家庭教育指导服务站点，定期开展公益性家庭教育宣传与指导服务活动；推进社会资源开放共享，社区要面向中小学生积极开展各种公益性课外实践活动，爱国主义教育基地等各类场馆要为学生开展活动提供便利，社会有关方面要提供丰富学生精神文化生活、提升学生审美鉴赏能力的文化精品；净化社会育人环境，打造有利于青少年健康成长的清朗社会文化及良好网络生态，建立多部门协调配合的学校安全工作机制，加强校园周边环境治理，深化各类校外培训治理，与学校建立工作对接机制，为学生成长提供全方位条件保障。

（3）实践探索

在政策的鲜明导向下，各地积极开展学校、家庭、社会协同育人的实践探索，努力构建多方联动的育人格局，形成了各具特色的经验。

上海积极探索学校主导的协同育人模式。上海市黄浦区推出“3H 生长力计划”，以学校为主导开展家庭教育指导进社区活动，构建覆盖家庭教育指导、心理健康教育、体育素养与科学探索等的综合性成长支持体系；闵行区明强小学通过机制创新、资源整合及科研引领，持续探索校家社协同育人实效路径，构建“明强 · 幸福+”校家社协同育人体系。

山东则聚焦基于平台建设的协同育人品牌建设。济南市打造“泉家共成长”品牌，构建“一个纲要、两个标准、三个平台、千所家长学校”系统工程，建设并用好“泉家共成长”家庭教育掌上服务平台、《泉城家庭教育报》融媒体平台和济南市教育资源公共服务平台“三个平台”，形成覆盖城乡的家庭教育服务体系。

天津形成了以整合社会资源为亮点的协同育人特色模式。天津滨海新区以“滨小宣”文化宣讲团为核心，联合博物馆、科技馆等场馆，设计“爱国、工业、海洋”主题研学路线，推出《保护蓝色国土》等实践课程，形成“1+4+N”场馆协同网络，开展馆校协同的“大思政课”。

（二）西方社会的校家社协同育人

1. 历史演进

在西方，校家社协同育人的理念与实践大致经历了萌芽、早期探索、发展、成熟与深化四个阶段。

（1）萌芽阶段

西方社会有关协同育人的理念可以追溯到古希腊时期。柏拉图在《理想国》中提出，儿童的教育应该由国家、家庭和社会共同承担，国家要制定教育政策和规范，家庭要配合国家教育培养儿童的品德和习惯，社会要为儿童提供实践和成长的环境。亚里士多德也强调，教育是城邦的公共事务，家庭、学校和城邦都对儿童的教育负有责任，不同场所的教育相互关联、相互影响，这为后世校家社协同育人理念的实践发展奠定了一定的基础。文艺复兴时期，人文主义教育家伊拉斯谟主张，教育要关注儿童的个性发展，家庭、国家与学校共同承担教育责任，家庭要为孩子营造良好的学习氛围，提供道德和情感支持，社会要尊重知识和教育，为儿童成长创造有利条件。

（2）早期探索阶段

19 世纪至 20 世纪初，美国学者杜威提出"教育即生活""学校即社会"的理论，强调教育与生活、学校与社会的紧密联系，主张将社会生活引入学校教育，让学生在实践中学习，为校家社协同育人奠定了一定的理论基础。意大利教育家蒙台梭利提出了儿童发展与教育理论，重视家庭环境对儿童的影响，认为家庭是儿童成长的第一环境，家长应成为孩子的引导者和观察者，同时也强调学校与家庭之间应保持密切沟通与合作。

（3）发展阶段

20 世纪中叶至后期，美国心理学家班杜拉提出社会学习理论，强调观察学习和榜样示范在个体发展中的重要性，指出家庭、学校和社会中的各种榜样对儿童行为塑造的作用，为校家社协同育人提供了心理学依据。美国教育家科尔曼在 1988 年发表的《教育机会均等的再探讨》中指出，家庭社会经济背景等因素对学生学业成就有重要影响，强调学校、家庭和社区应共同合作，为学生提供支持和资源。美国学者爱普斯坦提出了"学校、家庭和社区伙伴关系"理论，将校家社合作分为六种类型，包括"家长教育""交流""志愿者""学习在家""决策"和"与社区合作"，为校家社协同育人提供了具体的实践框架。

（4）成熟与深化阶段

20 世纪末至今，美国学者安妮·亨德森和南希·波拉在《成长的历程》等一系列著作中，进一步强调了家庭、学校和社区合作对学生学业成就、社会情感发展等方面的重要性，并提出了一系列促进三方合作的策略和方法。加拿大学者迈克尔·富兰在其教育变革理论中，强调教育系统是一个复杂的生态系统，学校、家庭和社会之间相互作用、相互影响，只有形成协同合力，才能实现教育的有效变革和学生的全面发展。联合国教科文组织在《教育：财富蕴藏其中》报告中，提出教育应建立在"学会认知、学会做事、学会共同生活、学会生存"四个支柱上，强调家庭、学校和社会在这四个方面的协同作用，为全球校家社协同育人理论与实践提供了指导方向。OECD（经合组织，Organization for Economic Co-operation and Development）在最新教育评估指标中新增了"校家社互动指数"。欧盟于2024年启动的"教育生态圈2030"计划，其提出的"学校—家庭—社会—自然环境"四维协同框架，或将成为全球教育改革新范式。

2. 时代发展

从全球来看，不少国家尤其是教育体系发达的国家都非常重视校家社协同育人，不仅有自上而下的顶层设计提供协同育人的法律保障和政策框架，还有促进这些政策法规落地实施的各类组织，以及依托各类平台开展的协同育人活动和基层实践。

（1）顶层设计

不少国家政府通过制定政策法规进行协同育人的顶层设计。20世纪70年代，美国国会通过《中小学教育法》修正案，对成立家长咨询会提出明确要求，促进了全美校家社协同育人的深入推进，之后美国又颁布了《2061计划：面向全体美国人的科学》《2000年目标：美国教育法》《不让一个儿童落后：教育改革蓝图》等系列法案，推动校家社协同的制度化。[①] 英国政府同样通过立法鼓励社区参与教育，如《学校标准和框架法》要求学校与家庭合作，重点改善弱势学生和家庭的处境，并于2008年公布了以加强学校与家长的合作伙伴关系为中心主题的英国教育与儿童事业发展的十年规划——《儿童计划：创造更美好的未来》。澳大利亚《2013年教育法案》要求设立"家庭、学校和社区合作局"，推动协同育人规范化。新加坡非常重视儿童成长利益相关者对儿童学习与生活的共

① 常淑芳，《从国际经验看校家社协同育人》，《中国教育报》2024年01月07日第3版

同参与,2000 年发布文件《教育利益相关者》,强调学校、家庭、社区要形成共同理解的合作伙伴关系,在教育中实现各自的角色。瑞典于 2011 年颁布的教育法案明确,学校需与家庭合作,制定家校沟通规范。芬兰的《基础教育法》规定,学校需定期组织家长会,并提供家庭教育指导服务,形成"学校主导、家庭参与、社会支持"的体系。日本在 2006 年修订了《教育基本法》,新增"家庭教育"条目,推动家校合作。韩国先后印发《教育基本法》《积极促进家长教育的方案》,推进家庭教育。

(2) 组织建设

早期的协同育人组织源于家校共育的探索与尝试。1841 年,美国康涅狄格州肯辛顿地区的母亲们成立了"女子公共学校联合会",开始配合学校开展家庭教育,初步出现了规范化的家校合作组织。1897 年美国成立了"家长教师协会"(PTA: Parent-Teacher Association),分层级促进家校沟通,明确教师须具备家校协作能力,并将此纳入教师职业认证标准。美国还成立了"全国家长参与教育联合会"(NCPIE: National Network of Partnership Schools)并在政策支持和家长需求的促进下,逐步形成国家、州和地方全覆盖的家长组织体系,推进学校家庭社会协同育人。日本同样普遍设有 PTA,由家长、教师和其他关心学校事务的人士组成,旨在加强家长、教师、学校之间沟通与合作,共同关注学生成长和教育的组织。韩国成立了"全国家长支持中心",构建覆盖城乡的家长教育网络。

(3) 资源整合

协同育人的一个重要目标是充分利用一切可获得资源推进学习者成长。英国推动"社区学校"模式,整合图书馆、博物馆等社会资源,为学生提供课后实践支持。澳大利亚政府通过专项经费支持社区教育项目,如亲子活动中心和社会实践基地。瑞典通过"课后儿童俱乐部"等平台强化社区参与。日本建立"课后儿童教室"等社区教育平台。

二 全球校家社协同育人趋势与挑战

(一) 发展趋势

从全球范围看,校家社协同育人已成为促进教育公平与质量提升的必然战略选择和重要手段，并逐渐成为教育改革的核心议题，其发展趋势主要体现在以下几个方面：

1. 政策保障与制度规范

各国普遍通过立法和政策引导，明确协同育人的责任分工与保障机制。例如，中国先后颁布《中华人民共和国家庭教育促进法》《关于健全学校家庭社会协同育人机制的意见》《校家社协同育人“教联体”工作方案》等，明确要求构建科学高效的学校、家庭、社会三方协同育人机制；美国的《不让一个孩子掉队》法案要求社区整合资源支持课后服务；澳大利亚《教育法》推动设立“校家社合作局”；芬兰《基础教育法》强调学校与社区的合作义务。这些政策不仅强化了政府的统筹作用，还通过资源分配、评估考核等制度设计，推动协同育人的规范化运行。此外，多国将家庭教育指导纳入公共服务体系，如韩国“共享学校计划”和巴西“学校与社区计划”，均通过跨部门协作提升社会资源利用效率。

2. 资源整合与创新实践

社会资源的深度整合成为重要趋势。各国尤其是发达国家普遍注重将博物馆、科技馆、企业等转化为教育实践平台。例如，法国巴黎科学城开设“维莱特班”，让学生通过实验学习科学知识；澳大利亚通过校企合作将 STEM 教育融入课堂，提升学生的职业认知。东亚国家如韩国京畿道的“共享学校计划”，通过社区联动提供定制化课程，覆盖人工智能、文化艺术等领域，满足学生多样化需求。①

3. 技术赋能与数字化创新

数字化工具的应用显著提升了校家社沟通效率。新加坡开发“家长门户”应用程序，整合学校通知、课程信息等功能；巴西通过线上会议和讲座优化家校互动；澳大利亚利用在线平台收集家长反馈，实现个性化教育支持。此外，芬兰的“现象式学习”结合自然场域设计混合空间课程，打破传统课堂的物理局限。

4. 关注弱势群体与教育公平

各国普遍将弱势群体支持作为协同育人的重点。美国“全州家庭参与中心”项目优先服务低收入家庭；德国“起点机遇”计划投入 200 亿欧元改善贫困

① 宋佳、张雅茹，《国际社会协同育人机制建设图景》，《中国教育报》2024 年 11 月 14 日第 9 版

社区学校环境；法国“2024 一代”认证项目保障残疾青少年的体育权利。这些举措均通过资源倾斜和政策保障，试图缩小城乡、区域间的教育差距。

（二）面临挑战

尽管越来越多的国家以各种方式持续推进校家社协同育人，但仍面临着多重挑战：

1. 资源分配与覆盖不均

教育资源在城乡、区域间存在显著差异。例如，中国部分地区的社区家长学校因缺乏专业人员和经费沦为“挂牌机构”；英国弱势群体受能源危机影响，儿童贫困问题加剧，削弱了协同育人的实际效果。此外，社会实践活动常因成本高或形式单一，难以普惠所有家庭。

2. 机制衔接不畅与责任边界模糊

校家社三方职责划分不清导致协同效率低下。例如，日本、韩国等国家在重构校家社关系时，仍面临政策与机制衔接的难题；美国部分家长参与政策制定但缺乏有效协调，未能实现“消除贫困”的初衷。部门协作不足也制约了资源整合，如中国部分地区的场馆开放和共享仍依赖临时性合作，缺乏常态化机制。

3. 家长参与度与能力差异

家长的教育意识和能力参差不齐，影响协同效果。部分家庭存在“父亲缺位”或教育方法粗暴等问题，需通过“父母大学”等课程提升家长素养。此外，低收入家庭因时间与经济压力，难以深度参与学校活动，加剧了教育不平等。

4. 文化差异与本土化适应

不同国家的社会结构和文化传统对协同育人模式产生深刻影响。例如，西欧国家以家庭为主导，政府仅在极端情况下干预；而东亚国家更依赖政策驱动，但需平衡家庭隐私与公共教育的关系。如何将国际经验本土化，仍是各国面临的难题。例如，中国需在借鉴西方“教联体”模式的同时，结合城乡一体化需求，探索特色路径。

整体而言，全球校家社协同育人呈现政策深化、资源联动、技术赋能和公平导向的趋势，但仍需突破资源不均、机制不畅、参与度低和文化适配等挑战。未来，通过强化制度保障、优化资源分配、提升教师和家长能力及推动本土化创新，或能实现更高效的协同育人理想生态。

三 校家社协同育人的国际经验对中国的启示

(一) 强化顶层设计,推动机制建设

国际经验表明,健全的法律法规是校家社协同育人的基础保障。例如,美国通过《初等与中等教育法》、《不让一个孩子掉队》法案等政策法规,明确校家社协同的责任分工与实施路径;澳大利亚《教育法》设立"校家社合作局",瑞典《教育法》规定学校需与家庭合作并制定规范。这些国家的实践显示,政策法规不仅提供价值导向,还通过资源分配、评估考核等机制确保协同育人的规范运行。

对我国而言,需加快完善校家社协同育人的法律框架,如制定《中华人民共和国家庭教育促进法》实施细则,进一步明确政府、学校、家庭和社会的权责边界。同时,要构建协同育人机制,通过建立常态化沟通机制、经费保障机制等,解决当前政策分散、执行乏力的问题。例如,可借鉴美国"全州家庭参与中心"项目,通过专项经费支持城乡资源均衡分配,避免部分地区家长学校沦为"挂牌机构"。

(二) 构建协作平台,整合社会资源

发达国家普遍注重搭建校家社沟通桥梁,例如美国全国家长教师协会联合会、日本"课后儿童教室"、韩国"全国家长支持中心"等平台,有效促进多方互动。澳大利亚通过校企合作开展 STEM 教育,将企业资源融入课程设计;韩国京畿道"共享学校计划"联动社区资源,提供定制化学习项目,覆盖人工智能、文化艺术等领域。

我国可参考此类模式,建立区域化协同育人平台。例如,长沙市天心区区域推进"数字化学习馆"集群;温州龙湾区绘制"教联体资源地图",精准对接需求与供给。同时,需激活企业、场馆等社会资源,如推动红色教育基地、科技馆免费开放,形成"学校主导、社会补充"的生态闭环。

(三) 提升专业能力,强化队伍建设

国际经验强调教师在校家社协同中的关键作用。美国将家校协作能力纳入

教师认证标准，要求准教师掌握沟通技巧；芬兰在教师培训中融入“现象式学习”，促进跨场景协作；澳大利亚通过专业发展项目提升教师与家长互动能力。

我国亟须改革师范教育体系，将家庭教育指导纳入师范生培养课程，并在教师职后培训中增设家校沟通模块，为教师提供家庭教育指导技能培训。同时，需培育专业化的家庭教育指导者和社会工作者队伍，形成“专职+兼职”的人才网络，解决当前指导人员数量不足、专业性薄弱的问题。

相信在不久的将来，通过各级相关部门和多元育人主体在机制构建、资源整合、平台创新、队伍建设等方面的齐抓共管发力，协同育人的规范化、本土化和特色化建设必将更上一层楼，构建科学、高效的协同育人“教育新生态”指日可待。

机制构建：从“主体割裂”到“学校枢纽”

校家社协同育人的“教育理想生态”如何通过理念一致和行动一致达成“教育新生态”？协同育人生态系统中的各部分之间通过什么样的协作模式、责任分工、资源整合和互动规则才能维系平衡？从已颁布的政策法规和已观察到的国内外实践经验来看，密钥或许正在于校家社协同育人机制的构建。在此基础上，还需深挖理论依据，明确现实需求，聚焦问题症结，多角度观照构建协同育人机制的逻辑必然，全方位探索协同育人机制的创新抓手。

一 构建校家社协同育人机制的依据

（一）理论依据

随着家庭教育事业的蓬勃发展和“教育强国”理念成为社会共识，校家社协同育人已成为新时期育人方式变革的新热点之一。构建校家社协同育人机制不仅具有顶层设计，如明确提出构建协同育人机制目标与路径的《关于健全学校家庭社会协同育人机制的意见》和提供具体实施框架的《校家社协同育人“教联体”工作方案》等政策依据，还具有教育学、心理学、社会学等多个学科领域的理论依据。

从教育学理论视角来看，校家社协同育人机制通过整合三方资源，覆盖知识传授、价值观塑造、实践能力培养等全链条，关注学生的全面发展，包括智力、情感、身体、社会性等多维度，契合全人教育理论（Holistic Education）；同时，协同机制的构建打破了学校、家庭、社会的孤立状态，使三方成为教育生态系统中相互依存、动态互动的子系统，形成资源互补、责任共担的良性循环，契合教育生态学理论（Educational Ecology）；协同机制还强调三方动态协作，学校、家庭、社会在不同阶段承担不同教育职能适应学生不同成长阶段的需求，契合终身教育理论（Lifelong Education）。

从心理学理论视角来看，校家社协同育人机制通过优化微观系统如家校沟通、强化中观系统如社区支持、改善宏观系统如社会文化氛围，为学生成长提供全方位支持，契合个体发展受微观系统、中观系统和宏观系统等多层次环境影响的生态系统理论（Bronfenbrenner's Ecological Systems Theory）；通过整合三方教育资源，为学生提供多元化的学习榜样和实践场景如职业体验、志愿服务，契合个体通过观察、模仿他人行为（如家长、教师、同伴）进行学习的社会学习理论（Social Learning Theory）；通过家庭的情感支持、学校的心理健康教育、社会的挫折教育，帮助学生培养积极心理品质，契合教育应培育学生的积极品质和幸福感的积极心理学理论（Positive Psychology）。

从社会学理论视角来看，协同机制通过构建校家社协作网络，为学生提供更多社会资源如实践机会、专家指导等，契合将社会关系网络作为重要资源，促进个体发展的社会资本理论（Social Capital Theory）；通过制度化协作（如家校委员会、社区教育联席会议），实现三方责任共担、资源共享，契合了将教育视为共同体的责任，并认为学校、家庭、社会应形成“育人共同体”的共同体理论（Community Theory）；通过家庭传递传统伦理、学校强化公民意识、社会传播主流价值观，帮助学生平衡文化传承与创新，契合将教育视为文化传递的重要途径，家庭、学校、社会应共同塑造学生的文化认同的文化再生产理论（Cultural Reproduction Theory）。

（二）现实需求

构建校家社协同育人机制不仅是逻辑必然，还有其现实需求。

一方面，已有实践显示，部分国家和地区已经从政策法规制度化、组织平台系统化、资源整合多元化等方面开展了协同育人机制建设，并积累了可借鉴的经验。

从政策法规体系构建角度来看,有的国家和地区侧重提供政策保障,如英国发布《如何建立有效的家庭—学校合作伙伴关系》指南以建立全校参与策略与双向沟通规范,新加坡更新《家校合作指南》以实施"健康育儿"倡议并优化应用学习项目管理,日本发起"区域学校协作活动"以涵盖课后教育支援与家庭教育援助;有的则关注提供运行支持,如巴西通过实施"学校与社区计划"建立国家教育基金支持机制,韩国京畿道通过设立共享学校试点办公室实施分类区域管理模式,南京西善桥街道通过建设"理想教育小镇"构建教育与社会治理双向赋能模式。

从多维互动平台建设角度来看,有的国家和地区注重建设线下协同载体,如瑞典"ABC 家长会"提供 0—18 岁家庭教育知识服务并实施需求导向的内容调整机制,比利时弗兰德斯国际学校通过家庭欢乐日等社交活动建立包容性交流平台;有的则积极构建数字协同系统,如新加坡开发"家长门户"应用程序以实现育人信息整合,澳大利亚建立教学策略共享平台与在线反馈收集系统以强化教师专业对话机制,上海市虹口区依托数字化家长学校平台以构建跨部门协同育人框架。

从教育资源整合模式角度来看,有的国家和地区立足跨领域课程开发,如加拿大魁北克将性教育设为必修课程并构建支持网络,新西兰"全国环境学校计划"联动建材企业与零售机构开展环保教育,澳大利亚实施"校园 STEM 专家计划"引入产业界专业人员协同教学;有的则进行教学空间创新,如巴西开展社区联合工作坊培养生活技能,芬兰推行"现象式学习"利用自然场域设计主题探索课程,德国柏林儿童基金会提供课后辅导与需求定制服务。[1]

另一方面,一项中小学生家长调研结果也揭示了构建校家社协同育人机制的现实需求。这项围绕"中小学校发挥协同育人机制主导作用的实践研究"开展的调研由第一期上海市家庭教育指导名师周雯婕工作室的成员在上海市 8 个区 11 所中小学校开展,回收有效答卷 3 769 份。结果显示,54.0%的家长期望"建立协同育人机制保障",以进一步明确各方职责与协作流程。59.1%的家长遇到育儿问题更愿意寻求学校的帮助,63.7%的家长认为学校能

① 宋佳、张雅茹,《国际社会协同育人机制建设图景》,《中国教育报》2024 年 11 月 14 日第 9 版

够“更高效协调各方”。调研获得的整体数据表明，校家社协同育人的核心在于“机制化”“专业化”和“差异化”，学校需以育人需求为导向，整合各方资源、强化沟通，构建“目标一致、各尽其责、高效运行”的协同生态，最终实现学生全面发展的育人目标。

校家社协同育人机制的依据是多维度的，既有政策法规的指引，也有学科理论的支撑，既有实践案例的验证，也有现实发展的需求，其核心在于通过制度化协作，整合学校、家庭、社会三方资源，构建全面覆盖学生生命安全、生活保障和生涯发展的立体化支持网络，最终实现教育公平、质量提升与社会治理优化的有机统一。

二 构建校家社协同育人机制的抓手

构建校家社协同育人机制的强烈需求和实践探索，反映出了在传统育人模式中，学校主要负责知识传授、家庭侧重生活照料、社会单位自发和随机参与育人，三方缺乏密切合作和有效衔接的突出症结。当前国内构建校家社协同育人机制的关键就在于改变协同育人“主体割裂”的现状。那么，能否通过制定政策法规或者建设组织平台等方式来改变这一现状？如何建设一个各尽其责、高效运行的协同育人机制？对此，各国有着丰富的实践，学界也有不同的认识。

（一）政府主导的协同育人

有学者提出以美国、英国、新加坡等国为代表的协同育人模式属于“多元主体参与模式”，强调政府主导下的学校、家庭、社区协同，注重法律保障与资源整合，如美国通过《不让一个儿童落后》等法规推动校家社合作，并成立全国家长教师协会联合会（PTA）促进沟通。

一分为二来看，首先，政府通过立法明确协同育人责任，确实起到一定的主导作用。这种主导包括政策法规上的“硬性保障”和舆论宣传层面的“柔性引导”，属于构建协同育人教育生态的宏观主导，而非操作层面和运行规则的主导，或者说并非构建协同育人机制的中观主导。

再从政府建设组织平台的角度去考证，各国的 PTA 虽在政府允许下建立，但其实质属于民间组织，并不归属政府管理，其影响力和执行力也各有差异。例如美国的PTA是一个独立于学校和教育监管部门之外的“第三方机构”，具有相当大的实权，家长可以经由它参与学校管理、罢免校长，甚至可以决定关闭学校。学校PTA往往会派出家长代表与学校负责人组成理事会，共同计划、管理学校的各项活动，以确保学校的教育政策与行为切实符合学生的利益，并能促进学生健康发展。因此，美国PTA运作下的协同育人也谈不上政府主导，而更应该属于家校共同主导，甚至就属于部分参与PTA的有实力的家长主导。而2015年成立的中国国际民间组织合作促进会家长与教师合作委员会（CPTA：China Association for NGO Cooperation，Parent-Teacher Association），作为一家由关注并促进家庭教育与学校教育合作的社会机构、教育界人士、广大家长自愿组成的社会组织，则主要进行家庭教育宣传和指导，并不具备深入参与学校管理和系统开展协同育人的职能。

（二）家庭主导的协同育人

法国、德国等西欧国家强调家庭教育自主权，政府仅在极端情况下干预，家校合作更多依赖社会文化传统与家长自发参与，这种协同育人机制被称为“家庭主导互动模式”。这种模式植根于西方文化土壤，与个人主义、自由主义和平等主义等西方价值观的核心体系构成有着密切关系。在西方社会中，人们普遍认为每个人都应该追求自己的幸福和利益，并有权做出自己的选择，这同样体现在家庭教育自主权上。

但家庭教育自主究竟强调了家长的权利还是子女的权利，这是一个值得深思的问题。如果教育权在家长，受教育权在子女，那么当两者冲突时，谁来保障孩子的权利？毋庸置疑，当孩子的生活保障发生问题，或是生命安全受到影响，绝大多数家庭都会向政府或社会其他单位和个人求助，但在孩子的生涯发展方面，许多家庭并不能给予足够的支撑甚至因为认知和观念的问题，还会阻碍孩子的发展。这正是家庭教育自主的弊端所在，即很难避免拒绝协同或者部分协同的情况发生。

日本、韩国和中国等东亚国家还存在一种传统的家校分离育人状态，即学校教育和家庭教育各行其是，孩子在学校接受集体主义教育，在家则可能接受其他思想教育，比如传统文化思想或是西方文化教育。其实，这种育人状态的本质还是家庭主导，因为在这种情况下绝大多数孩子会将学校仅仅视为学习知识的场所，其思想观念、品德修养等基本上都由家庭教育塑形。

（三）社区主导的协同育人

近年来，国内外部分地区依托社区家长学校、家庭教育指导服务站等，探索创新校家社联合的社区育人模式，完善协同育人机制，通过“课程进社区”“活动进社区”“服务进社区”等，丰富学生校外公益类教育活动，开展家庭教育、心理健康关爱服务，优化社区育人环境。

社区育人模式是教育发展和社会治理的一大进步，其优势在于立足学生成长环境，具有地缘便利甚至亲缘便利，资源调配方便，氛围营造亲切，大大降低了家长和孩子参与社会实践和亲子活动的时间成本和交通成本。

但社区在协同育人过程中的“主导”也面临着不少客观因素的局限。首先是教育对象的局限，由于一个社区的同学龄段未成年人数量具有不确定性，社区活动覆盖的年龄范围较大，同一活动对于不同人群而言吸引力也就不一样，这就使相关活动面临着投入大、受众少的风险。其次是亲子参与活动的意愿具有不确定性，既有可能与活动主题有关，也有可能与家庭成员的工作学习和休闲安排有关，但总体来说人员组织比较困难，不少活动需要靠赠送礼品或者熟人帮忙来维系场面。再者社区对家庭尤其是未成年人及其家长的情况掌握有限，虽然能够组织开展活动，但很难针对具体需求开展有的放矢的协同育人活动。最重要的是，社区作为居民自我管理、自我教育、自我服务的基层群众性自治组织，并非政府下属的行政机构，既不具备政府的执行力，也没有专门负责协同育人的专业人员，即使是作为政府派出机关的街道办事处，同样也缺乏专门岗位和专业人员，这使得社区主导的协同育人大多停留在碎片化的活动层面，而缺乏机制的整体构建。

（四）学校主导的协同育人

已有协同育人机制存在的文化适应性不足、运作效率低下、家校权力失衡和机制碎片化等问题，使更多理论和实践研究者将目光投诸学校这一育人主体。

2023年1月，教育部等十三部门联合印发的《关于健全学校家庭社会协同育人机制的意见》明确提出了“学校主导、家庭尽责、社会支持”的协同育人框架，并对学校充分发挥协同育人主导作用提出了具体要求。要求主要包括四个方面：要及时与家长沟通学生情况，要加强家庭教育指导，要用好社会育人资源，要主动加强同社会有关单位的联系沟通并做好资源开发。

当前，发挥学校主导作用的协同育人形式越来越多元，包括家校共育、馆校合作、校企联动、高校互动、社区融合、公益服务、医教结合，等等；发挥学校主导作用的协同育人内容也越来越丰富，并逐步形成全方位全过程覆盖未成年人生命安全、生活保障和生涯发展三大需求的良性态势。

学校发挥协同育人主导作用有着鲜明的优势。首先，学校依法具有学生管理权。《中华人民共和国教育法》第二十九条规定，学校有权对受教育者进行学籍管理、实施奖励或处分，并颁发学业证书。这就使得学生和家长会更愿意参与到学校组织的育人活动中去。其次，学校作为对受教育者进行系统教育活动的组织机构，在协同育人过程中天然地处于枢纽地位。一方面，学校对于经由学校教育得到身心发展的个体受教育者的需求有着相对权威的评估权，即解决一个“谁更需要什么”的问题；另一方面，学校可以通过自身力量组织学生乃至其家庭与社会各单位产生互动，来解决一个“如何更高效地满足需求”的问题。这些都是学生个体及家庭在与社会互动过程中不具备的优势。如此，对外即社会各方，学校发挥着协同育人的桥梁作用和组织作用，对内，学校本身就是教育者有计划、有组织地对受教育者进行系统教育活动的组织机构，处于育人核心地位，学校在协同育人机制中发挥主导作用也就理所当然了。

结合实际，深入推敲学校发挥协同育人主导作用的内涵，至少体现在三个层面：一是方向的主导，即在协调育人过程中坚持育人目标，把握好培养德智体美劳全面发展的社会主义建设者和接班人的总体方向；二是组织的主导，即在协调育人过程中统领全局，统筹各方；三是动力的主导，即在协同育人过程中不断地自驱赋能，推动协作，避免停滞。

对于学校管理者而言，必须聚焦协同育人的现实短板，寻求机制创新的抓手，深入探索学校在整合资源、统筹规划、破解教育孤岛效应中的枢纽作用，从而进一步明确构建校家社协同育人机制的实践方向。

三、校家社协同育人机制的定义和内涵

在此基础上,可以初步厘清校家社协同育人机制的基本定义与核心内涵,

(一) 基本定义

校家社协同育人机制是指学校、家庭和社会单位在政府统筹下,以促进学生德智体美劳全面发展为核心目标,通过学校主导、家庭尽责、社会支持的制度化协作,形成目标一致、资源互通、策略联动的综合性育人模式,建立全过程全方位覆盖学生生命安全、生活保障和生涯发展的立体化支持网络。

(二) 核心内涵

对于当前的国内社会而言,构建校家社协同育人机制的关键在于打破传统教育模式中各主体孤立运作的局限,构建定位清晰、机制健全、联动紧密、科学高效的制度化协作框架,其核心内涵应基于以下四个方面。

1. 目标定位

以培养社会主义建设者和接班人为根本任务,聚焦学生"健康成长"和"全面发展",强调知识传授、价值观塑造、实践能力培养的有机统一,通过学校、家庭、社会的协同合作,解决学生生命安全、生活保障和生涯发展等成长现实问题。

2. 角色定位

学校主导:作为专业教育机构,承担统筹协调职能,构建协同育人机制,开展家庭教育指导,并向社会开放教育资源。

家庭尽责:家长作为"第一任教师",需履行家庭教育主体责任,从"旁观者"转变为"参与者""合作者"甚至"组织者",树立科学教育观念,参与校家社互动,并通过亲子实践、社会体验等活动深化育人功能。

社会支持:政府、社区、文化机构、企业等提供政策支持如《校家社协同育人"教联体"工作方案》等,搭建实践平台如职业体验基地等,开展公益服务如"关爱留守儿童"项目等,以及提供环境保障如"清朗行动"等,弥补学校和家庭资源的不足。

3. 运行载体

协同育人机制的运行载体是一个包含制度、平台、活动、资源、空间、专业力量、评价体系和文化品牌的生态系统，包括家校委员会、社区教育联席会议等制度保障；包括数字化家校沟通平台（如班级微信群、专用 App）、社会实践资源库等平台工具；也包括家长开放日、研学旅行、社区志愿服务等活动。

4. 关键特征

要满足新时期协同育人的需求，校家社协同育人机制至少应具备以下关键特征。一是动态性，即根据学生成长阶段调整协作重点，比如小学低年级侧重家校合作培养习惯，小学高年级侧重全面发展和发现特长，初高中学段则重点引入社会资源助力生涯发展包括学涯指导和职涯规划。二是渗透性，即教育场景从教室延伸到家庭（如亲子共读）、社区（如垃圾分类实践）、企业（如职业体验）等社会各个地方，形成“无间隙育人”。三是数据化，即通过学生综合评价平台、学生成长档案等，记录学业、特长、心理、实践等多维数据，以便实现三方信息共享，精准制定教育策略。

四 构建校家社协同育人机制的价值意蕴

构建学校、家庭、社会协同育人机制是新时代教育改革的核心理念之一，这不仅是教育方法的革新，更是教育理念的升级，其意义和价值体现在对个体成长、教育生态优化、社会发展的多维影响中。

（一）培育全面发展的“完整人”

1. 弥补单一教育主体的局限性。在学校侧重知识传授和集体教育、家庭注重性格养成和情感支持、社会提供实践机会和价值观引导的同时，加强三方有机协同能覆盖学生成长的“知识—情感—实践”全链条，避免教育内容碎片化，形成更完整的成长支持网络。比如学校联合社会资源单位组织开展职业体验活动，家庭积极参与，可以帮助学生更早建立清晰的自我认知，更好开展生涯规划。

2. 促进个性化发展。家庭提供个体化观察，学校通过专业教育手段制定计划，社会提供社区服务、企业研学多元实践平台，三者协作可更精准地匹配和发展学生的兴趣与潜能。比如有艺术天赋的学生可通过学校课程打基础、家庭支持课外学习、社会机构提供少年宫演出、艺术比赛等展示舞台，形成个性化成长的闭环。

3. 增强心理韧性与社会适应力。家庭的情感关怀、学校的心理健康教育与社会的挫折教育协同作用，可以帮助学生培养坚毅品格，提升耐挫力，更从容地应对学业压力、人际冲突等现实挑战。

（二）重构教育良性生态

1. 缓解"教育内卷"困境。长期以来，学校教育面临着被家庭教育和社会教育抵消的"5+2=0"的困境，而家庭过度依赖校外培训、学校"唯分数论"和社会评价单一化是内卷的重要根源。协同育人机制通过明确三方责任边界，如学校提质增效、家庭回归育人本质和社会提供多元评价标准，减少无效竞争。

2. 推动教育公平。社会力量如公益组织、数字平台的加入，可弥补弱势家庭的教育资源短缺，目前成效比较显著的例子有通过社区图书馆、线上教育资源共享缩小城乡教育差距。

3. 提升教育资源利用效率。整合三方资源避免重复投入，如学校场馆向社区开放，企业为学校提供实践基地，家庭教育指导由专业机构支持，形成资源互补网络。

（三）推进社会整体发展

1. 培养符合时代需求的人才。社会对人才的需求通过企业、社区反馈给学校，家庭配合调整教育重心，形成"需求—培养—输出"动态循环，解决人才供需错配问题。

2. 传承文化与价值观。家庭传递传统伦理，学校强化公民意识，社会传播主流价值观，三方协同构建文化认同，同时抵御不良思潮对青少年的侵蚀。

3. 预防社会问题。困境儿童心理问题、青少年网络沉迷等问题需三方联动干预。例如，可以通过学校加强心理辅导，社区建立未成年人保护站，家庭改善亲子沟通，形成问题预警与解决机制。

4. 推动社会治理创新。协同育人机制可成为社会治理的"试验田"，通过教育协同推动社会治理现代化，例如通过家长学校、社区教育委员会等组织，培养公民参与意识，促进基层治理能力提升。

（四）应对未来多元挑战

1. 适应人工智能时代。学校教授 AI 基础知识，家庭引导培养技术伦理，社会资源单位如科技企业和高校提供 AI 实践场景，共同培养“人机协同”时代所需的批判性思维与创造力。

2. 回应全球化与本土化张力。家庭传承本土文化，学校开拓国际视野，社会提供跨文化交流活动如国际志愿者等项目平台，共同帮助学生平衡文化认同，培养全球胜任力。

构建发挥学校主导作用的协同育人机制，其本质是打破“主体割裂”的壁垒，促进多元育人主体从“各自为战”到形成以学校为枢纽的“育人共同体”，将教育从“独奏”变为“交响乐”，让每个学生都能在家庭的情感滋养、学校的专业引导和社会的实践锤炼中，成长为适应未来社会的“完整的人”。同时，通过教育联结家庭、学校与社会，提升育人质量，形成可持续发展的社会支持网络。这种机制既是解决当前教育焦虑的务实路径，也是实现“教育赋能人，人推动社会进步”良性循环的战略选择。

擘画蓝图：从“经验驱动”到“机制赋能”

几乎所有“理想生态”的形成都是基于长期发展和不断完善的，协同育人同样如此。当前，校家社协同育人正处于从理论探讨转向实践深化、从“经验驱动”上升到“机制赋能”的关键发展期。无论是强调法律保障与组织平台建设的国际经验，还是聚焦政策落地与多元主体协作的国内实践，都有待于校家社协同育人机制的进一步健全。我国的校家社协同育人机制建设现状如何？怎样破解协同育人机制构建的瓶颈？工作室成员通过理论研究和实践探索，逐步建立起以沟通、评估、支持和保障为核心四维，发挥学校主导作用的校家社协同育人机制，努力擘画更具科学性、包容性和可持续性的协同育人生态蓝图。

一 我国校家社协同育人机制建设的现状

校家社协同育人作为整合教育资源、形成育人合力的重要机制，近年来在我国教育体系中日益受到重视。部分地区和学校积极探索协同育人机制构建，努力打破学校、家庭、社会之间的壁垒，构建全员全过程全方位育人格局，积累了一定的经验。

（一）政策框架逐步完善

随着《中共中央、国务院关于深化教育改革全面推进素质教育的决定》《关于加强家庭教育工作的指导意见》等政策文件的出台，我国已初步构建起校家社协同育人的政策体系。尤其是《中华人民共和国家庭教育促进法》的实施，为协同育人提供了法律保障，明确了学校、家庭、社会在育人过程中的责任与义务。

（二）沟通渠道日益多元

家长委员会、家长学校等已在全国范围内普遍建立，部分地区探索建立了社区教育联盟、校家社共同体等新型组织，为多方沟通搭建了平台。传统的家长会、家访等沟通方式持续发挥作用，同时数字化家校沟通工具得到广泛应用，如利用现代信息技术建立校家社教育信息资源大数据平台，方便各方及时了解学生的学习、生活等情况，共同商讨教育策略和解决问题。

（三）实践形式不断创新

"校门口护导、进课堂听课、去餐厅陪餐"等家长参与学校日常活动的形式越来越普遍；社会实践、研学旅行等将课堂延伸至社会的教育方式不断发展；企业开放日、职业体验等社会资源支持学校教育的模式日益丰富。有的地区还实施了"双学区制"，将社区资源纳入学校课程体系。

（四）专业支持初步形成

协同育人理念逐步纳入教师职前培养和在职培训；家庭教育指导师、社区教育协调员等新型教育工作者队伍开始建立；第三方专业机构参与协同育人的案例不断增多。部分高校和研究机构设立了协同育人研究中心，为实践提供理论支持。

二 我国校家社协同育人机制建设的不足

我国校家社协同育人机制建设已取得明显进展，但仍面临诸多挑战。

（一）理念认识层面

协同育人理念尚未真正深入人心，协同育人往往被视为"锦上添花"而非必要之举。部分家长和社会主体仍存在"教育是学校的事"的传统观念，受应试教育影响，仍然存在重智轻劳、唯分数论甚至名利至上等功利主义思想和世俗成才观，参与协同育人意识不强。学校也时常将家校合作视为负担而非资源。

（二）机制构建层面

沟通机制形式化、表面化问题突出，家长会、家委会等常流于形式；评估机制不完善，缺乏科学的指标体系和有效的反馈机制；校内支持机制不健全，专职人员、专项经费和专业培训不足；社会保障机制薄弱，缺乏长效运行机制和制度保障。

（三）操作实施层面

沟通内容过于集中于学业成绩，缺乏全面育人视角；家长参与多停留在配合和服从层面，难以形成真正的育人伙伴关系；社会资源接入学校教育往往是零散的、短期的活动，缺乏系统性和持续性；教师工作负担重，难以在协同育人工作中投入足够精力。

（四）系统整合层面

各项机制间衔接不畅，沟通机制等各类机制未能形成有机整体；政府部门间协调不足，不同部门各自为政；理论研究与实践脱节，缺乏本土化的协同育人模式和实施路径。

三 构建发挥学校主导作用的校家社协同育人机制

要改变现状的不足，校家社协同育人必须从“经验驱动”转向“机制赋能”，以更加充分、持续地释放各育人主体的育人潜能，整合各方育人资源，实现协同育人效能的最大化。工作室成员立足消除协同壁垒、破解机制构建瓶颈和弥补现有经验不足，围绕沟通、评估、支持和保障四个核心维度，积极探索发挥学校主导作用的校家社协同育人机制构建，擘画了一幅生动的实践蓝图。

（一）构建缘由

1. 沟通机制

沟通机制的构建源于教育主体间信息壁垒与育人协同需求之间的现实矛

盾。第一，学校、家庭和社会作为三个相对独立的育人主体，各自掌握着学生发展的不同维度信息，学校了解学生的学习状况，家庭熟悉学生的生活习惯，社会把握社会化需求，而这些信息处于分割状态，导致对学生发展的认识片面化、行动不协调。第二，育人过程的整体性与教育力量的分散性形成了张力，学生的健康成长需要各方教育力量的同向发力，而现实中家校沟通多停留在成绩通报层面，校社互动局限于形式化活动，未能形成实质性的教育合作。第三，教育目标和教育方式的差异化导致三方育人行为冲突与矛盾，如学校强调规范性而家庭偏重个性化，学校注重长远发展而社会关注实用技能，这些差异在缺乏有效沟通的情况下容易演变为教育张力。第四，信息传递的单向性与教育合作的双向性之间存在冲突，传统的家校沟通多为学校单向传达，缺乏平等对话和共同决策机制，难以形成真正的教育伙伴关系。第五，数字化时代信息爆炸与有效沟通不足形成鲜明对比，尽管通信手段日益便捷，却未能有效提升沟通质量，反而出现了信息过载与实质性交流不足的矛盾现象。因此，构建多元、双向、深入的沟通机制，不仅是破除信息壁垒、促进资源整合的必要手段，也是达成教育共识、协调教育行为的基础性工程，更是实现育人合力从分散走向聚合的关键环节。

2. 评估机制

评估机制的构建源于单一评价标准与学生全面发展需求之间的内在矛盾。第一，传统评价过度关注学科知识与学业成绩，将分数作为衡量学生发展的主要甚至唯一标准，忽视了道德品质、身心健康、审美素养、实践能力等重要维度，导致育人目标窄化与学生发展片面化。第二，评价主体的单一性与学生发展的多维性之间存在明显落差，学校教师作为主要评价者，难以全面把握学生在家庭、社区等不同场域中的表现与成长，造成评价视角局限与评价结果偏颇。第三，总结性评价与过程性评价比例失调，过度强调期末考试等总结性评价，忽视学习过程中的进步与努力，不利于发挥评价的诊断与激励功能，也难以捕捉学生发展的动态轨迹。第四，评价标准的统一性与学生个体差异性之间存在冲突，"一把尺子量所有人"的做法无法尊重学生的特长和潜能差异，不利于发挥学生优势、弥补短板，形成个性化发展路径。第五，评价结果应用的局限性制约了协同育人效能，评价信息未能有效转化为改进育人过程的依据，评价结果未能成为学校、家庭、社会三方对话的共同语言，难以形成基于评价的育人闭环。因此，构建多元主体参与、多维指标兼顾、过程与结果并重的综合评估机制，既是克服传统评价偏颇、实现科学育人的必然要求，也是促进各方形成共同育人标准、协调育人行为的重要途径，更是推动育人方式从应试导向转向全面发展的关键举措。

3. 支持机制

支持机制的构建源于学生发展需求与教育供给之间的结构性矛盾。第一，学生发展呈现出明显的多元性、差异性和个性化特征，每个学生在认知能力、学习风格、兴趣特长和发展需求等方面均有显著差异。而现有的标准化、同质化教育模式难以有效回应这种多样性，导致部分学生潜能未被激发，发展空间受到限制。第二，传统学科分割型课程结构与知识传递型教学方式过于强调知识体系的系统性和完整性，却忽视了知识间的联系及其与现实生活的关联，使学生难以形成综合思维能力和解决复杂问题的能力。第三，随着社会变革加速，未来社会对人才的核心素养要求已从知识储备转向创新思维、协作能力、自主学习等高阶能力，而这些能力的培养需要在丰富多样的学习情境中通过实践体验来实现。第四，学校作为专业教育机构，具备课程开发、教学设计和教育评价的专业优势，有责任也有能力通过课程整合、活动育人、项目学习等方式创设更为丰富的教育情境，为学生提供多元化的发展路径。第五，在校家社协同育人体系中，学校支持机制不仅直接服务于学生发展，还能为家庭教育提供专业引导，为社会教育资源进入学校创造条件，发挥着承上启下的枢纽作用。因此，构建以课程整合、活动育人、项目学习与特色发展为核心的学校支持机制，既是应对教育内外部挑战的必然选择，也是破解“一刀切”教育弊端、实现因材施教的关键路径，更是促进校家社协同育人从分散走向整合的基础性工程。

4. 保障机制

保障机制的构建源于教育资源分布不均与学生发展需求多元化之间的深层次矛盾。第一，单体学校在资源、专业能力和服务范围上存在天然局限性，难以独立满足学生全面发展的多样化需求。当前教育资源呈现出明显的区域性、校际性不平衡分布，优质资源集中于部分学校，而大多数学校面临资源短缺困境，导致教育机会不均等与发展质量差异。第二，学生发展的复杂性和整体性决定了育人过程不能局限于单一学校空间，需要多元场域的互补与协同。现代教育观念认识到，学生核心素养的培养需要丰富的实践体验与多样的社会接触，仅依靠学校内部有限环境难以实现。再者，社会各界拥有丰富的育人资源和专业优势，如高校的学科专长、企业的实践平台、社区的生活情境等，这些资源处于分散状态而未能有效转化为教育资源。第四，随着教育改革深化，特色化、多样化成为学校发展趋势，而特色发展需要借助外部专业力量提供支持和引导。第五，在区域教育生态中，学校间既有竞争又有合作关系，通过构建教育联合体，能够促进优质资源共享、教育经验互鉴和专业互助成长，形成教育发展共同体。因此，构建以教联体为核心、以服务学生发展为宗旨的社会保障机制，是打破教育孤岛状态、实现资源优化配置的必然选择，是应对育人复杂性挑战、提供多元发展支持的有效路径，更是推动区域教育均衡发展、构建人类命运共同体的战略举措。

（二）构建思路

1. 沟通机制

构建沟通机制的实践目标是畅通三方互动渠道。为此，可以从以下三个方面进行探索。一是多层次沟通渠道构建，通过建立包括家长会、家访、家长委员会、社区教育论坛等在内的立体化沟通网络，实现从点状沟通到网状沟通的转变；二是数字化沟通平台创新，通过开发集信息传递、问题咨询、资源共享于一体的数字化平台，打破时空限制，实现无缝沟通；三是沟通内容与方式优化，营造从关注学业成绩拓展到关注全面发展，从单向通知转变为双向对话，建立平等、开放、理性的沟通文化。

2. 评估机制

构建评估机制的实践目标是建构多元评价体系。为此，可以从以下三个方面进行探索。一是多维评估指标设计，构建涵盖认知能力、品德修养、身心健康、艺术素养、实践创新等多维度的评价指标，实现全面衡量学生发展；二是多元评估主体参与：引入学校教师、家长、社会人士、学生自评等多元评估主体，形成多角度、全方位的评价视角；三是过程性评价与终结性评价结合：关注学生成长过程，实施动态跟踪评价，形成“诊断—反馈—改进”的评价闭环。

3. 支持机制

构建支持机制的实践目标是强化学校内部保障体系。为此，可以从以下四个方面进行探索。一是组织结构设计，成立协同育人工作领导小组，配备专职校家社联络教师，形成纵向到底、横向到边的组织网络；二是课程体系支撑，依托国家课程结构，围绕必修、选择性必修与选修三类课程，推动协同育人与学校课程体系建设相融合；三是资源配置优化，设立协同育人专项经费，开辟家长参与空间，建设社会实践基地，保障物质条件；四是教师专业能力提升，将协同育人能力纳入教师培训体系，提供专业指导和技术支持，增强教师在协同育人中的主导作用。

4. 保障机制

构建保障机制的实践目标是建构完善社会外部支持系统。为此，可以从以下三个方面进行探索。一是构建政策法规体系，通过制定校家社协同育人的地方性法规和指导文件，明确各方权责，为协同育人提供制度保障；二是形成社会资源整合机制，通过建立社区教育资源库，构建企业参与育人平台，形成政府主导、多方参与的资源共享机制；三是建立激励与约束机制，通过设立优秀协同育人案例奖励制度，将社会参与纳入企业社会责任评价，形成多方共赢的长效机制。

（三）运作模式

1. 机制间的协同运作

四个机制不是孤立运行，而是相互支撑、协同推进。沟通机制是基础，促进信息流通和共识形成；评估机制是导向，引领协同育人的方向和重点；学校支持机制是核心，提供内部动力和资源保障；社会保障机制是依托，提供外部支持和长效保障。四者形成有机整体，共同驱动协同育人良性运行。

2. 运作的动力机制

运作的动力机制主要通过“三个结合”来达成。一是行政推动与自主参与相结合，即政府和学校发挥引导作用，家庭和社会主动参与，形成“自上而下”与“自下而上”相结合的双向动力；二是刚性要求与柔性引导相结合，即通过制度设计明确各方基本责任，通过文化建设激发各方参与热情，刚柔并济，相得益彰；三是短期激励与长期机制相结合，即设置阶段性成果奖励，建立长效运行机制，确保协同育人持续推进。

3. 实施路径与步骤

试点先行阶段：选择条件成熟的学校开展试点，探索可行模式，积累实践经验。

推广完善阶段：总结试点经验，形成操作指南，在更大范围推广应用，并根据实施情况不断完善。

制度化阶段：将成熟经验上升为制度规范，纳入学校常规工作，形成系统性、常态化的协同育人机制。

生态化阶段：打破机构界限，形成资源共享、责任共担、成果共享的协同育人生态圈，实现协同育人的最高境界。

机制赋能是校家社协同育人成功的关键。通过沟通机制架设"桥梁"，评估机制夯实"基石"，支持机制建强"中枢"，保障机制筑密"网络"，形成科学、高效的协同育人体系。在实践过程中，要坚持问题导向、系统思维、创新驱动，不断优化完善各项机制，真正实现学校、家庭、社会三方协同育人的目标，为培养德智体美劳全面发展的社会主义建设者和接班人提供有力保障。未来，随着教育改革的深入推进和信息技术的快速发展，校家社协同育人机制将向更加智能化、个性化和生态化方向发展，形成更加开放、融合、高效的育人新格局。这不仅是教育现代化的必然要求，也是实现立德树人根本任务的重要路径。

实践探索篇

沟通机制：搭好校家社协同育人的桥梁

上海市朱行中学　钟　茜

在“双减”政策纵深推进与教育高质量发展的双重驱动下，校家社协同育人机制成为提升教育效能的关键路径。理论上，校家社协同育人需遵循主体确定与多方协同共重、职责明晰与目标清晰并重、平等沟通与深度对话同重、方式创新与动态适配共重的核心原则。然而，实践调研显示，当前校家社协作仍面临显著的结构性矛盾：一方面，信息孤岛效应导致三方教育诉求传递失真，仍有大部分家长反映无法及时获取学生在校行为数据；另一方面，反馈回路断裂使得家校矛盾化解滞后，家校纠纷案例中多数源于沟通机制缺位。这些现实困境亟须通过系统性机制创新予以突破。

因此，建立一套完善的校家社沟通机制显得尤为重要。本章以长三角地区学校的实践案例为基础，详细分析部分学校在校家社沟通中的具体做法和成效，探讨校家社沟通机制的构建与实践，以期为校家社合作提供有效的解决方案，促进学生全面发展，提升教育质量。

一　构建校家社协同育人沟通机制的价值意蕴

校家社协同育人沟通机制是指以促进学生全面发展为目标，由学校、家庭和社会（政府部门、社区、企事业单位、公益组织等）三方主体共同参与，通过制度化、常态化的沟通平台和协作路径，形成教育责任共担，资源互通共享、信息及时交互的育人共同体运作体系。

（一）沟通机制的理论坐标——基于社会系统与认知协调

沟通机制的理论坐标可从社会系统与认知协调两个维度构建。在社会系统层面，沟通被视为社会结构的基石，它通过信息传递维系着个体间、群体间乃至整个社会的运行秩序。以卢曼的社会系统理论为例，他认为沟通是社会系统的运作基础，通过意义的不断生成与再生产实现系统的自我维持。而认知协调作为另一维度，则关注个体在沟通过程中的心理加工过程，强调如何通过共同理解和意义建构达成一致。

从认知视角看，沟通不仅是信息传输，更是双方知识图式相互作用的过程。这种互动需要依赖于语境线索和共享背景，从而减少歧义并提高效率。当我们将这两个维度结合起来时，可以发现，有效的沟通机制既要考虑宏观社会环境对交流模式的影响，又要注重微观层面上参与者之间的认知匹配程度。因此，在设计或优化组织内外部的沟通策略时，必须兼顾这两方面因素，确保既符合整体目标要求，又能促进成员间的深度理解与协作。

综上所述，在校家社协同育人中，有效的沟通是促进协同育人的关键因素。协同育人强调家庭、学校、社会等多主体形成教育合力，而沟通理论为不同教育主体间的协作提供了理论框架与实践策略，使教育不再是孤立主体的"独白"，而是多元力量的"对话"，帮助构建开放、互信、高效的教育共同体。

（二）协同育人的基本诉求——打破"信息孤岛效应"

在校家社协同育人中，学校与家庭之间，往往存在着教育信息的落差。例如，学校对教育政策、教学方法和学生的学业表现等信息掌握较为全面，但家长可能了解有限，对学校的教学改革、对孩子的在校表现等不太清楚。学校与社会之间也同样。社会机构可能拥有丰富的课外教育资源和创新的教育理念，但学校并不一定能及时获取。以某长三角城市的科技企业为例，该企业开发了一系列适合中小学生的科普课程和互动体验项目，但由于缺乏有效的沟通渠道，周边学校在很长时间内都未与之建立合作关系，导致这些优质资源闲置，而学校的科学教育资源却相对匮乏。

这种信息的长期不对称，就会形成“信息孤岛效应”。它还体现在信息传递的及时性和交互性上。信息传递仍依赖家长会、纸质通知等单向通道，多数学校尚未建立实时互动平台。少数学校已建立常态化沟通评估体系，问卷调查多流于形式，缺乏对家长诉求的动态响应机制，线上沟通往往呈现为教师单向的信息传递，家长处于被动接受乃至“禁言”状态；线下沟通也表现为问题取向，即学生在校出现问题时教师才会找家长沟通。部门之间信息传达常止于“已读未回”状态，难以获取真实的执行反馈。

因此，校家社协同育人的本质在于打破教育主体的“孤岛效应”，通过信息共享与动态反馈，形成育人合力。其核心诉求包括：通过目标一致性（即学校主导知识教育、家庭强化品德培养、社会拓展实践能力）、过程动态性（即需通过持续沟通与反馈调整教育策略）、资源整合性（即依托数字化平台与社区资源，实现教育场景的延伸）“三性合力”打破教育主体长期的信息“孤岛效应”。

（三）沟通机制的现实困境——系统性生态梗阻

校家社协同育人中的沟通困境，远非简单的“信息不对称”“信息传递不畅”或“合作意愿不足”，而是教育生态系统中多重矛盾交织形成的结构性梗阻。这种梗阻是信息、行动、价值三重维度交织而成的困局，最终导致教育协同生态的僵化与割裂。

根据国家社科基金教育学重大项目“学校家庭社会协同育人机制研究”课题组在 22 个省份的实施调查，调研发现沟通协调机制亟待完善，育人机制不完善、不畅通是影响协同育人的重要因素。调研发现，领导小组或联席会议机制没有建立或运行不畅、部门间协同度较低、上级政策支持不够、没有建立评估制度等问题较为突出。

“系统性生态梗阻”在沟通机制研究中主要指学校、家庭、社会三大主体在共同参与教育过程中，因角色定位模糊、制度设计缺陷、利益诉求冲突及信息流动阻滞等复杂因素，导致的系统性协作障碍。如：家校对话聚焦成绩排名、竞赛获奖等量化指标，忽视心理健康、社会情感能力等隐性成长需求；教师下班后仍需回复家长消息，导致“负荷过重”；学生事务需重复提交纸质材料至团委、德育处、教导处三部门，造成重复审核环节；部分家长不熟悉智能平台操作，或缺乏网络设备，导致“数字弱势群体”被排除在沟通之外；学校收集家长意见却忽视社区反馈，无法形成闭环优化等。

沟通困境的解决之道不在于追求“完美沟通”以及设计更高效的“信息管道”，而在于构建容错、开放、多维的对话生态，以学生成长为中心，让信息在流动中趋近真实，让理解在碰撞中达成共识，让沟通从“任务传递工具”升维为“教育价值共建过程”，真正实现沟通生态从“梗阻”到“疏通”再到“滋养”的质变，最终实现从“职责疏离”到“生态共同体”。

二 构建校家社协同育人沟通机制的基本原则

学校与家庭之间的沟通是协同育人的关键环节，建立互信、尊重和开放性沟通尤其重要。此外，沟通策略如定期家访、家长会和家长教育等也被认为是提高沟通效果的有效途径。社区作为育人的重要环境，其参与和沟通同样重要。社区参与能够提供资源和支持，促进学校与家庭之间的沟通。此外，社区组织的介入能够为家庭提供教育资源和辅导，增强家庭的教育参与度。

构建校家社协同育人沟通机制首先要明确协同育人的总体目标，即促进学生的全面发展。因此，“双减”背景下校家社协同沟通机制的构建要遵循平等沟通与深度对话同重的“四性”原则：

（一）一致性

以学生全面发展为总目标，建立“品德—知识—实践”三维评价框架，通过学校定期组织联席会议等，结合学生发展阶段（如小学侧重习惯养成、中学强化实践能力）调整教育策略，确保教育方向的一致性。

（二）真实性

确保沟通内容的真实性。尊重各方的意见和感受，建立互信关系。不少教师回避直接指出学生问题，家长群体也存在“客气式应付”现象，导致沟通内容表层化，关键信息在礼仪性对话中被选择性过滤；家长带着主观偏见反馈学生在家中的情况等，这就要求学校需要通过制定深度对话问题清单，确保信息真实性，明确开展时间和方式，定期开展有价值的对话交流，促使对话成效落深、落实。

（三）规则性

建立明确的沟通规则，以确保双方沟通的顺利进行，学校、家庭和社会可以共同商定沟通的时间、频率和方式，以及信息处理的流程。例如，学校可以规定家长在指定时间段内可通过邮件向教师提问，教师则规定在一定时间内给予回复。双方需要尊重对方的意见和权益，保持克制和信任。还需要考虑到信息的准确性和及时性。校家社之间应建立有效的信息传递渠道，确保信息在三者之间共享。

（四）灵活性

要确保沟通方式的灵活性，双向进行，任何一方都能提出建议和反馈，这是建立成功的校家社沟通机制的关键。可以选择面谈、电话、邮件、微信等多种方式进行沟通，以适应不同的情况和需求。面谈能够面对面交流，更加直接有效，但可能受时间和地点的限制；而电话、邮件等方式则具有灵活性，方便回避敏感问题。

三 构建校家社协同育人沟通机制的实施路径

沟通机制是校家社合作的重要环节，通过及时有效地沟通，可以促进三方之间的信息流通、资源共享，还能为学生创造一个更加全面的成长环境。构建一个良好的有效运作的校家社沟通机制，就是要打通三者之间的沟通渠道，实现信息的双向流动和多方参与。以下为基本实施路径：

（一）建立沟通平台

通过家长会、学期家长满意度调查、社区座谈会等形式，常态化、多渠道收集家长和社区成员的意见和建议。同时，利用互联网技术，如家校通信软件、在线问卷等工具，方便快捷地收集和反馈信息，及时调整活动开展的形式，动态支持学生的学习与发展。关注社区反馈，鼓励社区参与学校活动，从而提升社区对学校活动的关注度。

（二）制定反馈流程

确立信息反馈的责任人、时间节点和处理程序，设立反馈渠道、及时处理与回应、定期公布反馈处理结果等。确保每一条反馈都能得到及时和妥善地处理，这不仅能增强校家社三方的信任感，还能提高工作效率。

（三）加强能力指导

对于教师和家长，应提供有关沟通技巧和心理健康的培训，帮助他们更好地理解和应对学生的需求。对于社区成员，也应提供相关知识的普及，使其能够更有效地参与到学生的成长过程中。

（四）推进落地实施

沟通的最终目的是学生的发展。因此，设立反馈渠道是完善沟通机制的基础，及时处理与回应收集到的信息是优化沟通机制的关键。学校应提供多种沟通渠道，如意见箱、热线电话、电子邮件、社交媒体等，方便家长、学生和社区成员随时提出意见和建议。应设立专门的反馈受理部门，负责收集、整理和处理各类反馈信息。学校还应建立快速响应机制，确保在收到反馈后能够迅速行动，及时解决问题。对于家长和学生提出的具体问题，学校及时进行调查和处理，并将处理结果反馈给相关人员。对于涉及多个部门或需要协调解决的问题，学校应成立专项工作组，集中力量解决问题。学校还应建立反馈处理档案，记录每一条反馈的处理过程和结果，为后续的改进提供参考。

（五）改进反馈机制

定期通过家长会、校园网、公告栏等渠道，公布反馈处理情况和结果，让家长、学生和社区成员了解学校的改进措施和成效。定期对校家社沟通机制进行评估，找出存在的问题和不足，及时调整策略和方法。

建立“正向执行—逆向纠偏”双循环动态沟通系统。其中正向循环包括需求采集（家长问卷、社区调研）、方案生成（联席会议决议）、执行跟踪（数字化督

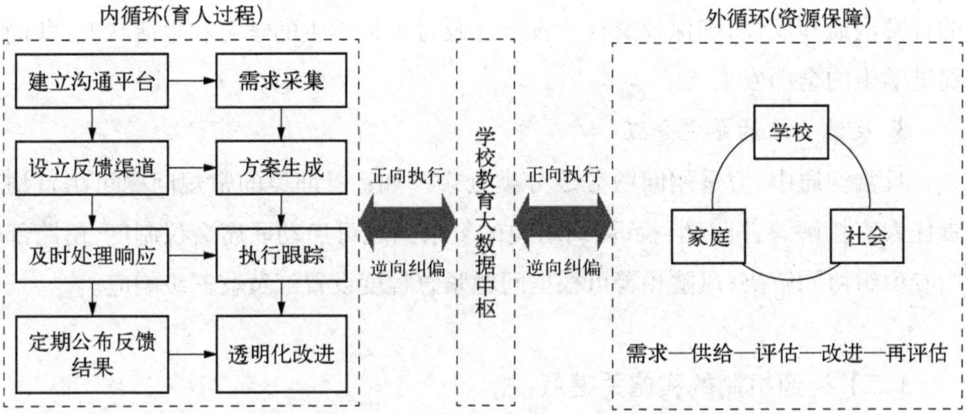

校家社协同育人沟通机制的“双循环动态沟通系统”图

导);逆向循环通过反馈情况溯源问题,修订沟通机制。将社区资源利用率、家长满意度等指标纳入考核体系,推动机制持续优化。特别强调家庭作为情感联结枢纽、社会作为实践验证场域、学校作为专业引领中心的差异化功能定位。

四 沟通机制的常态做法

(一) 首访、日常交流与反馈

1. 首访的奠基作用

首访是首次正式沟通,更是校家社协同育人的关键起点,具有不可替代的功能。比如家长对学校和社区的信任度建立,尤其是教师与家长首次面对面的交流质量直接影响着后续合作深度。再比如采集信息,首访可系统性收集学生家庭背景、文化习惯等数据,减少后续偏差。通常首访可采用 PREP 框架,即 Purpose(目标:提前告知首访主题),Record(记录:使用结构化表格),Empathy(共情:采用如“我们共同探讨”等非评判性语言),Plan(计划:制定短期可量化的协作目标)。

2. 日常交流的持续赋能

首访建立的信任关系能降低日常沟通中的防御性反应。首访后获得的基础信息与日常行为交叉验证,可和后面的日常沟通产生协同效应。日常沟通作为协同育人的基础环节，具有持续性、多向性、情境性的特征。通过定期的多形式的日常沟通和反馈，确保校家社三方能够及时了解学生的学习和生活状况，共同促进学生的全面发展。

3. 反馈响应的界定分级

日常沟通中，应采用问题分级分类处理。如：咨询类的常规问题可由首访责任人直接解答并归档；投诉、纠纷类的复杂问题可启动联席会议制度，由跨部门专项组协同解决；风险预警可根据问题紧急程度设置红黄蓝三级响应。

（二）沟通机制的实施关键点

沟通机制应注意精细化。学校应设立反馈渠道，成立日常沟通小组，分情况分级及时处理与反馈等。日常沟通小组成员应包括教师、辅导员、心理咨询师等，确保工作的专业性和有效性。

1. 设立反馈渠道

校家社沟通机制的有效运行离不开畅通无阻的反馈渠道。为了确保家长、学生和社会各界能够及时、便捷地反馈意见和建议，学校可以采取多种方式设立反馈渠道。设立专门的反馈邮箱和热线电话、在校园网和社交媒体平台上设置反馈专区，还可以通过 App 或其他数字化反馈平台建设实现即时反馈和互动。

除了线上渠道，学校还可以设立线下反馈点。例如，学校可以在家长会、学生大会等重要活动中设置反馈箱，鼓励家长和学生写下自己的意见和建议。学校还可以定期举办“校长接待日”“相约下午茶”“共进午餐”“家长智库”“教育质量听证会”等，邀请家长和学生面对面交流，直接听取他们的意见和建议。通过这些多渠道的设立，学校能够全方位、多角度地收集到各类反馈信息，为后续的处理和优化提供坚实的基础。

2. 及时处理与回应

及时处理和回应反馈信息是校家社沟通机制的核心环节。为了确保反馈信息能够得到及时处理，学校需要建立一套高效的反馈处理流程。设立专门的反馈处理小组，负责收集、整理和处理各类反馈信息。这个小组可以由学校领导、教师和家长代表组成，确保反馈信息的处理具有全面性和代表性。反馈处理小组需要定期召开会议，讨论和处理收集到的反馈信息，对反馈信息进行分类和分级处理。对于涉及学生安全和健康的问题,学校需要优先处理,并采取紧急措施;对于涉及教学质量和管理的问题,学校需要进行深入调查和分析,提出改进措施;对于涉及家长和学生个人诉求的问题,学校需要进行个别沟通和协商,确保问题得到妥善解决。此外,对于紧急反馈,学校需要在24小时内给予回应;对于一般反馈,学校需要在3个工作日内给予回应。为了确保处理过程的透明度,学校还需要建立反馈处理记录,详细记录每一条反馈的处理情况和结果,定期公布反馈处理结果,确保反馈处理结果的公开透明。

此外,学校可以定期进行复盘,采用质性与量化相结合,分析处理过程中存在的问题和不足,有助于检视与反思协同育人工作的行动过程与教育效果,满足知情权,激活共治动能,也有助于校家社三方强化沟通,符合教育治理现代化趋势。

3. 重点关注

学校还需要对一些特殊学生群体给予重点关注。这些学生可能因为家庭背景、心理健康状况或学业成绩等方面的原因,需要更多的支持和帮助。教师可以通过观察和评估,筛选出需要重点关注的学生,并制定个性化的帮扶计划。例如,对于家庭经济困难的学生,学校可以提供免费午餐等物质支持,同时安排心理教师进行定期的心理辅导,帮助他们树立自信,克服心理障碍。

对于学习有困难的学生,学校可以安排专门的辅导教师,提供一对一的学业辅导,帮助他们解决学习中的难题。学校还可以组织兴趣小组和课外活动,丰富学生的课余生活,激发他们的学习兴趣。在重点关注的过程中,教师需要与家长保持密切沟通,了解学生在家中的表现和家长的反馈意见,共同制定和调整帮扶计划,确保学生能够得到全面而有效的支持。

4. 突发事件处理与应对

根据WHO(2022)教育安全分类标准,校园突发事件可分为自然灾害、事故灾难、公共卫生、社会安全、心理危机等紧急场景。这些事件不仅影响学生的安全,还可能对学生的心理造成负面影响。因此,在突发事件中,学校、家庭和社区三方的有效沟通与协作是迅速应对危机、保障各方安全的关键。学校应制定详细的应急预案,包括紧急疏散路线、急救措施、心理危机干预等,确保在突发事件发生时能够迅速行动。例如,学校定期进行消防疏散演练和防震演练等,提高学生的应急反应能力。学校还应建立突发事件报告制度，确保信息的及时传递和处理。突发事件发生时，学校需第一时间向家长和社区通报事件基本信息及学校采取的应对措施，同时指定专人负责信息发布，确保内容准确且权威。学校应及时整理受事件影响的学生名单及相关情况，并主动与家长取得联系。通报信息应客观透明，避免隐瞒重要细节，让家长全面了解孩子的状况。此外，还需耐心解答家长疑问，安抚其情绪。学校应及时向社区通报突发事件可能带来的影响，例如人员疏散涉及的区域或潜在的安全隐患。同时，寻求社区在资源上的支持，如提供临时避难场所或医疗救援服务，以增强应急处置能力。

通过学校、家庭和社区三方的共同努力，可以实现突发事件中的高效沟通与协同行动，从而迅速化解危机，最大限度地保障学生、家庭和社区居民的安全与权益。

5. 情感关怀与心理辅导

情感关怀与心理辅导是校家社沟通的重要内容，对于学生的心理健康和全面发展具有重要意义。家长是学生情感关怀的重要支持者，学校需要建立从预防筛查到危机干预的全流程心理支持体系。学校应定期与家长沟通，了解学生的情感状态，共同关注学生的心理健康。例如，定期举办家长心理讲座，邀请心理专家为家长提供专业指导，帮助家长更好地理解和支持孩子。学校还可以通过家长志愿者计划，邀请家长参与学校的心理健康活动，增强家长与学校的互动。

社区资源也是提供情感关怀和心理辅导的重要力量。学校可以与社区合作，利用社区资源为学生提供多样化的支持。例如，上海市卢湾高级中学与打浦街道合作，建立了"青少年心理支持中心"，提供心理辅导、情感支持、兴趣班等多种服务，帮助学生建立积极的情感状态。社区则提供就业指导和职业培训，为学生的未来做好准备。

五 沟通机制的特色做法

（一）"闹钟定时法"在校家社沟通中的应用

1. 内涵解读

"闹钟定时法"是一种有效的时间管理工具。该方法基于时间触发机制，遵循 PDCA 管理循环，其应用可以实现沟通事项的时序化管理和自动化提醒。在校家社沟通中,“闹钟定时法”是指通过预设时间节点提醒,将周期性事务进行系统化管理的方法体系,帮助校家社三方及时关注和处理学生的问题。

2. 具体措施

(1) 设定重要节点提醒

设定重要节点提醒是“闹钟定时法”的核心。学校可通过科学规划教育时序节点,构建起校家社联动的信息同步网络,对关键教育节点实施动态化管理,使各参与主体形成育人合力,共同提升教育生态系统的运行效能。学校可以根据学生的学习和生活周期,将学年周期解构为若干关键阶段,并为每个阶段配置精准的信息推送方案。学校可以通过多种方式设定重要节点的提醒,确保家长、学生和社区成员能够及时了解相关信息,从而更好地参与到教育活动中来。

如考试前、放假前、开学前等,通过闹钟提醒家长和教师关注学生的学习和生活状况。例如,考试前一周,学校可以通过短信或电子邮件提醒家长关注孩子的复习情况,提供必要的支持和帮助。放假前,学校可以提醒家长关注孩子的安全教育,确保孩子度过一个安全愉快的假期。开学前,学校可以提醒家长关注孩子的心理状态,推送渐进式作息调整方案,帮助孩子顺利适应新学期的学习生活。

这种时序化管理不仅强化了教育共同体的协作效能,更通过精准的信息触达优化了家庭教育资源配置,使三方协同育人从概念层面真正落实到教育实践的全周期之中。

(2) 提醒方式与实施效果

在校家社沟通中,选择合适的提醒方式对于提高沟通效果至关重要。不同的提醒方式具有不同的优势和局限性,学校需要根据实际情况,灵活选择和组合多种提醒方式,以达到最佳的沟通效果。

学校可以采用多种方式进行提醒,如短信、电子邮件、电话、微信等。不同的提醒方式适用于不同的场景和人群,学校应根据实际情况选择合适的提醒方式。例如,对于家长,短信和微信是比较便捷的提醒方式,在学生出现异常情况时,及时电话联系家长,共同解决问题;对于教师,电子邮件和电话是比较有效的提醒方式。学校还应定期评估“闹钟定时法”的实施效果,通过问卷调查、家长会等方式收集家长和教师的反馈,不断优化提醒方式和内容,提高提醒的及时性和有效性。

例如，杭州市育才小学作为育才教育集团的核心成员，其“闹钟定时法”智能系统深度融合了教育管理需求与智能化技术，形成了一套校家社协同的时序化管理解决方案。该校开发家校协同 App，嵌入“闹钟定时法”功能，通过 AI 分析家长留言情感倾向，自动触发分级预警与资源推送，每周五自动推送家长沟通任务（如“倾听孩子 15 分钟”“反馈本周学习难点”）。通过技术赋能教育管理流程，不仅实现了“时间管理—行为引导—生态共建”的闭环，更推动育才小学成为浙江省“智慧校园”标杆单位。其经验已通过育才教育集团辐射至文溪小学等成员校，形成区域化教育数字化转型的示范模板。

详见实践案例 1，“抓时序节点　促同频共振——以‘闹钟定时法’探索沟通机制的实践案例”。

（二）“特殊情境法”在校家社沟通中的运用

1. 内涵解读

“特殊情境法”并非简单的沟通技巧集合，而是以特定时空场景为触发点、以多元主体交互为载体的一种精准干预策略。其内涵在于通过“情境锚定+协作激活”的双向路径，重构校家社三方的功能定位。针对突发事件（如学生社交危机等）、特殊群体需求（如孤独症儿童情感支持）等，通过情境预设构建共情场域，突破常规沟通，进行场景化建构。“特殊情境法”在校家社沟通中的运用，不仅能够有效支持特殊学生群体，应对突发事件，还能够提供情感关怀和心理辅导，促进学生的全面发展。通过校家社三方的共同努力，可以为学生创造一个安全、健康、和谐的成长环境。

2. 具体实施

（1）明确情境触发点

对于突发事件，如学生社交危机，学校、家庭和社会三方都需要建立敏锐的监测机制。学校可以通过教师的日常观察、同学的反馈等及时发现学生在社交方面出现的异常情况；家庭则要关注孩子在家中的情绪状态、社交行为的变化等；社区工作人员或者相关社会组织在与学生接触过程中也应留意这些迹象。一旦发现可能的社交危机情境触发点，就要迅速启动应对流程。

（2）了解特殊群体需求

特殊学生群体包括但不限于学习困难、行为问题、家庭背景特殊、身体或心理障碍等学生。针对特殊群体需求，例如孤独症儿童的情感支持，就需要深入了解这个特殊群体的特点。学校的教师要接受专业的培训，掌握与孤独症儿童沟通的特殊技巧，家庭要营造包容、理解的家庭环境，社会则要提供相应的资源和支持体系。这就要求校家社三方在日常就要建立信息共享平台，全面掌握特殊群体学生的各种情况，以便在需要的时候能够精准地进行情境预设。社区资源也是支持特殊学生群体的重要力量。学校可以与社区合作，利用社区资源为学生提供多样化的支持。例如，上海市卢湾高级中学与社区合作，建立了“青少年成长中心”，提供心理辅导、兴趣班、课后辅导等多种服务，帮助学生全面发展。社区还可以提供就业指导和职业培训，为特殊学生群体的未来做好准备。

（3）情境预设构建共情场域

情境预设构建共情场域是重要环节。学校可以组织模拟场景活动，例如针对社交危机事件，开展角色扮演活动，让学生、教师和家长共同参与，模拟不同的社交场景，引导大家站在受困学生的角度去理解和感受，从而建立起共情。家长可以通过讲述自己的类似经历或者分享他人的故事，在家庭小环境中营造共情氛围。公益组织可以开展主题活动，邀请学生、家长和教师参加，以真实的案例展示特殊情境下学生的心理状态，增强三方的共情能力。

详见实践案例 2，“镜中花开镜外看——以‘特殊情境法’促进班级凝聚力与亲子沟通”。

（三）“点线结合法”构建校家社沟通网络

1. 内涵解读

“点线结合法”是一种综合性的沟通策略，旨在通过点（个体）和线（关系）的结合，形成一个高效、有序的沟通网络。这种方法的核心在于将个体（如学生、家长、教师、社区工作者）作为沟通的节点，通过建立和维护节点之间的关系线，形成一个多层次、多维度的沟通体系。“点线结合法”不仅关注个体之间的直接沟通，还强调通过中介节点的传递和反馈，实现信息的全面覆盖和高效传递。

“点线结合法”的原理基于社会网络理论和系统论。社会网络理论认为，个体在社会中的位置和关系对其行为和信息获取有着重要影响。通过构建和优化社会网络，可以提高信息传递的效率和准确性。系统论则强调系统的整体性和动态性，通过优化系统内部的结构和功能，实现系统的最佳运行。在“点线结合法”中，个体作为节点，其位置和关系决定了信息的流动路径和速度；而关系线作为连接节点的桥梁，其质量和强度直接影响信息的传递效果。

2. 具体措施

（1）确定关键节点

需要确定校家社沟通网络中的关键节点。这些节点通常包括学生、家长、教师、班主任、学校管理层、社区工作者等。关键节点的选择应基于其在沟通中的重要性和影响力。例如，班主任作为学校和家长之间的桥梁，是沟通网络中的重要节点；社区工作者则可以连接学校和社区资源，为学生提供更多的支持。

（2）培训与支持

为了提高沟通网络的运行效果，需要对各个节点进行培训和支持。培训内容可以包括沟通技巧、信息传递方法、冲突解决策略等。通过培训，可以提高各节点的沟通能力和问题解决能力，确保信息的准确传递和有效处理。学校和社区可以提供必要的支持，如技术支持、资源支持等，帮助各节点更好地履行沟通职责。在长三角地区，随着信息技术的飞速发展，学校沟通机制正逐步走向数据驱动的创新模式。例如，一些学校开始利用学生学习管理系统中的数据。通过分析学生的作业完成情况、考试成绩、在线学习时长等多维度数据，学校可以精准地了解学生的学习状态，还可以延伸到学生的综合素质发展方面。学校可以收集学生参与社团活动、社会实践、志愿服务等数据，构建学生综合素质画像。这有助于学校全面评估学生的发展状况，为个性化的教育引导提供依据。另外，学校还可以利用数据分析技术挖掘家庭背景、社区环境等外部因素与学生成长之间的关系，从而为校家社协同育人提供更具针对性的策略建议。这种基于数据的双向沟通，使家校之间的交流更加及时、深入和有效。

（3）沟通网络的维护与优化

沟通网络的维护与优化是一个持续的过程，需要定期评估和改进，以确保其有效运行。

定期评估是维护沟通网络的重要手段。评估内容可以包括沟通效果、信息传递的及时性、各方的满意度等。通过定期评估,可以发现沟通网络中的问题和不足,及时进行调整和改进。评估方法可以包括问卷调查、访谈、数据分析等。例如,学校可以通过家长满意度调查,了解家长对家校沟通的评价和建议,从而改进沟通策略。通过建立有效的沟通机制,可以收集各方的意见和建议,及时进行改进。为了提高各节点的参与度和积极性,可以设立激励与奖励机制。激励措施可以包括表彰优秀家长、优秀教师、优秀社区工作者等。通过表彰和奖励,可以激发各节点的参与热情,提高沟通网络的运行效果。例如,学校可以每年评选"优秀家长"和"优秀教师",并在家长会上进行表彰,以激励更多家长和教师积极参与家校沟通。

详见实践案例 3,"点线交织,呵护成长——以'点线结合法'深化构建协同育人沟通机制的实践探索"。

六 结语

校家社协同育人中的沟通机制是保障三方信息互通、资源整合与教育目标一致性的核心抓手。学校应根据自身的教育资源和师资力量,按需求分层实施设计符合本校特点的沟通机制。例如,可以设立专门的家长委员会,定期召开家长会,听取家长的意见和建议,同时也可以邀请社区代表参与学校的管理和决策,形成校家社三方联动的良好局面。学校还可以开展家长培训和家庭教育指导,提高家长的教育水平和参与度,增强校家社合作的效果。基础薄弱校可优先推行周期性会议与简易数字化工具(如微信群接龙);资源优质校可探索数据画像与社区积分制等深度模式。同时,需通过定期评估优化机制,兼顾"制度刚性"与"人文柔性",以数字化降成本、以社区化拓场景、以动态评估促循环,构建"反馈—响应—优化"的协同生态,最终形成"校家社命运共同体"。

校家社协同育人沟通机制的构建,是教育生态从"分离"走向"共育"的核心桥梁。未来,需进一步深化机制创新,为建设高质量教育共同体提供更多方案。

案例 1

抓时序节点　促同频共振

——以“闹钟定时法”探索沟通机制的实践案例

周一的阳光斜斜地打在七年级教室。班主任王老师目光掠过一张张犹带倦意的脸，停在了小刘那儿。平时课上那股机灵劲儿不见了，孩子蔫蔫地趴在桌上，摊开的数学作业本上，红叉一片狼藉。这错误率，跟他在学校的表现判若两人。王老师的心沉了沉——又来了。这个打不破的“黑色星期一”怪圈，症结怕就埋在刚过去的周末。

迷雾重重的“周末滑坡”

小刘父母开个小餐馆，早出晚归，挣的是辛苦钱。厨房里的热火朝天，让他们几乎与班级信息隔绝。王老师试过沟通，难。饭点打电话，十有八九被挂；好不容易接通，背景音吵得根本没法好好说话，沟通效果可想而知。小刘的症结就在这“5+2”的落差上：学校五天，有规矩有支持，他还能应付；周末两天回到家，监督缺位，自律不足，问题就集中爆发了——学习不得法，难题没人解，时间乱糟糟，作息一团麻。周一回来，整个人都是蔫的，得缓半天。像数学这种讲究持续性和逻辑性的科目，一松懈就掉队，在他身上体现得最明显。

抽丝剥茧，寻找破局之匙

王老师迅速召集了由学科老师、心理老师以及家委会代表组成的“班研组”，围绕小刘的问题进行了一场会诊。大家抽丝剥茧，四个关键症结浮出水面：

一是从学校高度结构化的“温室”，猛然跌入家庭松散无监督的“旷野”，小刘稚嫩的自律之翼还无力飞翔。

二是父母的生计压力如山，学校的信息推送常常被淹没在现实的喧嚣中，家校之间横亘着一条难以逾越的“信息鸿沟”。

三是周末的小刘,如同断了线的风筝,既失去了老师的专业指引,也缺失了家长在旁的点滴督促,孤军奋战,茫然失措。

四是周末的“自由散漫”彻底打乱了在校养成的学习生物钟,身心俱疲成为周一返校的必然代价。

奏响同频乐章

面对困局,班研组经过讨论研究,“闹钟定时法”的创新策略应运而生。通过“定时、定点、定人、定事”的协同干预机制,尝试用外力的稳定节律,逐渐唤醒家庭内在的秩序感。

每晚 6 点,一份清晰明了的当日作业清单和一句简短的温馨提醒跃入家长眼帘。清晰的任务清单,让他们掌握孩子当晚的“航向”。

周五放学的铃声响起前,小刘总会收到一份充满温度的“周末学习包”——1~2 道选做题,旁边是老师手写的鼓励:“小刘,试试看,老师相信你可以!”此外,班研组还与社区图书馆等建立了联系,将“周末学习包”中的一些拓展性、实践性内容与社区场所的开放时间、相关活动资源信息进行关联提示。

周日晚 8 点,王老师的视频邀请准时弹出。前 5 分钟王老师引导小刘反思:“这周末作业完成得怎么样?遇到最大的‘拦路虎’是什么?给自己打几分?”中间 5 分钟由王老师结合小刘的自述,给出 1~2 个建议。最后 5 分钟,王老师向小刘父母核实小刘表现,了解其周末作息,并分享社区周末适合青少年的公益活动或体育设施开放信息。在遇到需要更深入家庭支持或观察的情况时,王老师也会在获得家长同意后,与社区或青少年事务社工进行简要的信息沟通,寻求外围的、非正式但温暖的关注与引导,形成更立体的守护圈。

从磨合到共鸣

推行“闹钟定时法”,并非一帆风顺,这是一段师生家长共同摸索的旅程。

(第 1—2 周)步履蹒跚的初试

家委的提醒有时候也会石沉大海,父母也会偶有疏忽……习惯的建立需要假以时日。王老师在视频家访中,像一位耐心的引路人,引导小刘回顾点滴,放大每一个微小的进步。数学老师则在学习包里“雪中送炭”，降低难度，夯实基础，让小刘初尝成功的甜头。

（第3—6周）因势而动的变奏

王老师敏锐地发现小刘家午市最忙，果断将部分学习任务从下午调整到相对清静的周日早晨。

（第7周及以后）内化于心的旋律

微信的提示音、周五的学习包、周日晚8点的视频，不再是“闹钟”，而成为融入小刘周末生活的自然节拍。小刘开始主动规划时间，父母也养成了定时查看信息、在忙碌间隙见缝插针地问一句“进度如何”的习惯。视频家访的内容，也从基础的督促，升华到学习策略的探讨和心理状态的交流。自律的种子，悄然萌芽。

改变，清晰可见

现如今的周一清晨，那个蔫蔫的小刘不见了。课堂上的他，眼神专注，积极举手，自信的笑容重新点亮了脸庞。他的时间规划意识和任务管理能力也得到了锻炼。他的父母也学会了在忙碌之余，挤出关注和陪伴时光。

小刘的故事，在学校七年级组激荡起涟漪。对于成长中的孩子和奔波的家庭，外部提供的稳定、可预期的沟通支持，是搭建内在秩序与规则意识的脚手架。通过科学设置沟通干预节点，我们便能有效串联起学校、家庭、社会三方的力量，共同奏响协同育人的和谐乐章。

（上海市朱行中学　钟茜）

案例 2

镜中花开镜外香

——以“特殊情境法”促进班级凝聚力与亲子沟通

一、“公主”孤圈，亲子疏远

初中一年级，男生女生们步入了十三四岁的青春期，自我意识逐渐增强，但随之而来的却是互相之间沟通的缺乏、亲子关系的疏远以及安全感的缺失。更令人伤脑筋的是，班级中“小团体”意识严重，“公主病”现象屡见不鲜，无论成绩如何，学生们或多或少都展现出以自我为中心、敏感多疑、协作精神不足等问题。

在课堂上，我发现学生们往往喜欢和自己的小团体成员坐在一起，不愿意与班级其他同学交流。课间休息时，他们也是三五成群地聚在一起，讨论着彼此感兴趣的话题，而对其他同学则显得漠不关心。这样的情况不仅影响了班级的整体学习氛围，也阻碍了学生们在人际交往中的成长。

更为严重的是，亲子隔阂也过早地出现在这届学生身上。许多家长向我诉说“回到家就把自己关在屋子里”“小时候总缠着我们，让我们带他出去玩，现在一说出去就皱眉，拿着手机回房间”“总吵着说我们不理解他，但他也不与我们聊天”。这些家长的“诉苦”反映出家长们常常无法理解孩子的内心世界，也反映出学生们也无法共情家长的辛劳与期望。这种双向的沟通障碍，让学生们在家庭中感到孤立无援，加剧了他们的不安全感。

面对这样的局面，作为班主任，我深刻意识到，必须采取行动打破这种僵局。于是，我曾召开班会课“我是鲁滨逊?”来阐述人际交往的方式，但是收效甚微。我又借助晨会、午休等时间进行教育，试图引起他们的注意，争取树立正确的三观，但学生们都是左耳听右耳出，无法入心。

这时，学校的一次活动让我看到了希望。

二、契机显现，团结共生

学校组织心理月活动，鼓励学生通过画心灵漫画、写心灵小说、拍摄心理剧等形式来表达自己的内心世界。我鼓励学生自编自导一部反映班级团结的微视频《我们》。这一提议激发了学生们的热情与创造力，他们在班长、体育委员和宣传委员的带领下，各自分工，从编剧到后期制作，全程投入。

学生们积极参与微视频的策划和拍摄，在活动中展现出了丰富的想象力和创造力。他们分工明确，有人负责编剧，有人负责拍摄，还有人负责后期制作。特别是在拍摄过程中，同学们的关系得到了明显的增进。

小 A 与小 B 在一次写剧本的过程中产生了分歧。

“结合平时生活，我觉得矛盾点可以假设为：小林与小丽在打游戏的过程中，因组队意见不合，导致她们互相厌弃，在学校里也互相不与对方交谈，甚至在私下诋毁对方。”小 A 说道。

“不不，虽然现实中会发生，但是我们毕竟是学生，无论平时如何娱乐，但是我们来学校的主要目的是学习，所以我觉得矛盾点最好围绕学习展开。比如小林和小丽都十分喜欢并且擅长写作，小林喜欢阅读、文采优异，小丽感情细腻、心理描写入微，两位同学常常得到老师的赞扬。一次作文比赛，老师推荐了两位参加，并且希望她们可以互相帮助，但是她们都觉得自己写得最好、互不服气，最终导致自己的文章都存在不足。”小 B 提出了自己的观点。

“我们要演的是事实！”小 A 斩钉截铁地说。

“艺术来源于生活，却高于生活！你懂不？”小 B 不屑地答道。

小 A 和小 B 都觉得自己想出的“矛盾点”更好，并为此争执了起来。这时，平时“事不关己”的体育委员站了出来，提议全体投票，并取得了大家的认同，最终采取了小 B 的方案。事后班长与小 A 进行了沟通，也肯定了她的想法，并与小 B 一起邀请她继续参与剧本的编写。在后续编写剧本的过程中，她们频繁交流，共同解决问题；甚至一些平时关系不太好的同学也在合作中找到了共同话题，化解了误会。

《我们》这部微视频讲述了班级里几个性格迥异的学生在相处过程中，发生了一些矛盾与分歧，最后在作文比赛中，意识到团结互助的重要性，最终互帮互助、共获成功的故事。视频中的每一个角色都代表了班级中的一类学生，他们的成长和变化也映射了整个班级的成长。

这部微视频在校内放映后，受到了师生们的一致好评，最终获得了校一等奖、区校园影视评比二等奖。更重要的是，回顾这一过程，我观察到平时不熟悉的同学们互相之间开始了交流，班级小团体现象有了松动；为了班级荣誉，平时打铃就跑、事不关己的同学，开始承担起了一部分工作；甚至有家长和我反映，女儿向读大学的哥哥请教如何写“分镜头”。这让我不禁思考，既然“微视频”可以增进同学友谊、班级凝聚力，那么“微视频”是否也可以改善亲子关系呢？我萌生了通过微视频这种共情场域，让家长与学生共同参与活动，让家长试着了解孩子，让孩子感受亲情、友情的想法。

三、情景育人，亲子同行

心动不如行动，在征求学生、家长的同意后，我们集思广益，共同探讨新《我们》的内容与题目。考虑到学生关注的主要问题是学习，而同学间、亲子间的沟通障碍主要集中在“不说”、误会上，同时无论学校还是家里，我们都是一家人、一个整体，所以我们确定题目为《We Are One》。

之后剧本由学生执笔撰写，并邀请了几位家长帮忙校对。本剧讲述了一个关于嫉妒、误会、宽容与团结的故事：几名女生因嫉妒 C 同学成绩优异，诬陷其作弊。C 同学深受伤害，孤立无援，又不敢与父母诉苦。关键时刻，班级 D 同学在父母的鼓励下挺身而出，揭露真相。女生们意识到错误并道歉，C 同学原谅了她们，感谢同学们的勇敢与支持。故事以大家和谐共处、共同学习成长收尾，传递了同学间团结与友谊的温暖及父母的支持、理解对孩子的正向引导。

拍摄当天，校园内洋溢着活力与热情。担当志愿者的家长、老师与同学们齐聚一起，全心地投入微视频的拍摄。家长们不仅带来了专业设备，还精心准备道具，从服装到布景，无一不体现出他们的细心与周到。此外，家长们还亲自下厨，为大家准备了丰盛午餐，让每位参与者都感受到家的温暖。

学生们在这次活动中展现出了惊人的创造力与敬业精神。他们不仅参与了剧本创作，还在镜头前展现了自然、真实的表演。虽然拍摄过程中遇到台词不熟、笑场、近远景切换等不少挑战，但学生们相互支持、鼓励，共同克服。这份专注与认真，让在场的家长深感欣慰与骄傲，看到了孩子们身上潜藏的无限可能。

对于家长而言，这次活动不仅是一次深入了解孩子的机会，更是一次亲子关系的升华。如，在拍摄被诬陷女生C同学落泪的镜头时，许多家长都纷纷表示如果在现实中，他们一定会冲到学校，与几位挑事的女生当场对质，要求老师解决问题。但是参与校对的家长却回答道“我也这么与女儿说，但女儿告诉我她长大了，如果这件事真的发生在她身上，希望我能相信她，和她商讨如何解决，而不是直接冲到学校。如果她解决不了，再向我求助，但是也是希望老师来解决而不是我来解决，所以这部剧有了勇敢的C同学”。所以在拍摄现场，家长们亲眼看见了孩子们面对困难时的勇敢与坚韧，感受到了孩子们对友谊、团结、尊重、沟通的渴望，这让他们更加理解孩子，愿意倾听孩子的心声，亲子关系也因此得到了改善。

另外，家长的参与也起到了榜样示范的作用。在拍摄过程中，家长们以身作则，展现了专业、负责的态度，这对孩子们产生了积极的影响。孩子们从家长身上学到了责任与担当，学会了在团队中发挥自己的作用，这对他们的人际交往能力和团队合作精神都是极大的提升。

这次亲子合作拍摄微视频，不仅为学生们提供了一个展示自我、体验成长的平台，还促进了亲子关系的改善，体现了家长的示范作用。家长们通过参与活动，更加深入地了解了青春期的孩子，学会了如何与孩子沟通、如何支持孩子的成长。同时，家长们通过参与活动，更加了解、信任和支持班级、学校的工作，家校沟通更加顺畅。

四、微光汇聚，情谊共生

最终，这部微视频《We Are One》在全国第十二届中小学微电影评选中获得了三等奖。经过这次微视频拍摄活动，班级发生了翻天覆地的变化。

班级凝聚力增强。学生们在拍摄过程中相互帮助、相互支持，建立了深厚的友谊。他们开始积极参与班级活动，为班级增光添彩，班级的整体氛围变得更加积极向上、和谐融洽。

亲子沟通更好。家长们通过参与活动，看到了孩子们的成长和变化。他们以平等、尊重的方式了解孩子的内心世界和需求，兼顾长辈与朋友的身份与孩子沟通,使得亲子隔阂逐渐消除,关系更加融洽。同时,孩子们也感受到了家长的关爱和支持,更加珍惜与家人的时光。

例如,班级男生小王的爸爸是海员,每年有多半年的时间在出海,无法与儿子交流;回到家后又疯狂地报复性娱乐——约朋友聊天、搓麻将等,经常忽略了与儿子的交流。这次小王爸爸恰好参加了本次活动,在拍摄过程中看到平时不喜欢与他交流的儿子,任劳任怨地搬桌椅、设备,倾听同学的要求,并一一回复,他感到十分诧异。回家后,他表扬并肯定了儿子,父子之间进行了一次久违的、耐心的交心谈话。谈话后,他开心地告诉我:"小王说他不是'笨',他就是觉得回家后无法与全职妈妈沟通非生活的事宜,所以就打游戏,在线上与同学聊天。我和他说了,再等一年,等他初三了,我就不出海了,陪他在家,一起度过重要的一年。他特别高兴,也告诉我随后的一年,他会努力学习,我们一起准备奋战初三!"

家校互助互信。通过这次活动,家校之间的沟通与合作得到了加强。家长们更加信任和支持学校的工作,愿意为学校的发展贡献自己的力量。学校也更加了解家长的需求和期望,能够更加有针对性地开展教育教学工作。

五、镜生繁花,爱蕴芬芳

通过本次校家协同个案的实施,我深刻体会到了"特殊情境法"在促进学生团结和亲子沟通方面的显著作用。通过剧本进行了情景预设,让同学、家长参与微视频的制作,突破常规的沟通方式,让互相看到不一样的对方,从而让同学们在实际情境中体验、感悟和成长,更加深刻地认识到团结和合作的重要性;同时,让家长在参与的过程中,感受、了解孩子们的内心世界,为增进亲子之间的沟通和理解提供基石。

通过特殊情景法中构建共情场域的方式,可以突破常规,不仅能有效支持特殊学生群体,还能够从另一个角度提供情感关怀和心理辅导,从而促进学生的全面发展。如果可以校家社协同努力,就会从 360°全方位为学生创造一个安全、健康、和谐的成长环境。

(上海市金陵中学　佟晓明)

案例3

点线交织，呵护成长

——以“点线结合法”深化构建协同育人沟通机制的实践探索

当前高中学生所面临的学业发展困境、家庭亲子沟通障碍、人际交往壁垒等问题已然成为家庭教育工作中普遍的难题与挑战。传统的心理辅导和家长沟通方式效果有限，信息传递不及时，问题未能得到充分有效地解决。为此，学校在不断地尝试实践中形成了“点线结合法”，立足构建一个以学生为中心的多层次沟通网络，通过节点联动和关系线优化的方式方法实现点线交织，呵护学生的健康成长。

“一把钥匙开一把锁”，教育的问题错综复杂，如果总是头痛医头脚痛医脚，难免分身乏术，疲于应对。这一方法的形成源于对传统家校沟通模式的反思与突破。学校发现，零散的家校互动难以形成持续有效的教育合力，必须建立系统化、常态化的沟通反馈机制。在这一机制的基础上，学校充分利用沟通与反馈渠道，针对不同类型的学生问题进行系统的分类梳理，找到问题的关键点，运用“点线结合法”，通过点线辐射、线性支持、网络覆盖等路径实施教育策略，更能对症下药、事半功倍提升教育的效能。在具体操作过程中聚焦点、厘清线、形成网，启动校家社的协同系统对教育的个体实施持续的、有针对性的育人策略，以下的案例是上海市市东实验学校以“点线结合法”深化构建协同育人沟通机制的实践探索。

点线辐射　激活内动力　提升自效能

小A同学，父母离异，随母亲生活。母亲工作繁忙，经济压力大，日常沟通较少。初中成绩中等，考入高中后数学、物理多次不及格，出现迟到、上课睡觉、不交作业等情况，班主任反映其“缺乏学习动力”。

一、核心问题界定

学生因家庭结构变化(父母离异)、母亲经济压力大、亲子沟通缺失,导致学业动力不足、自我管理能力弱,高中数理学科严重滑坡。针对上述问题学校确定了以小A为核心点,以帮助她重建自我效能和激活内在动力为核心问题的点线辐射策略。

二、通过"点线辐射"路径实施教育策略

所谓"点线辐射",即由学校主导通过沟通反馈,调动围绕在核心点"小A"身边的所有资源,寻找与之相关联的线性关系,启动辐射系统。

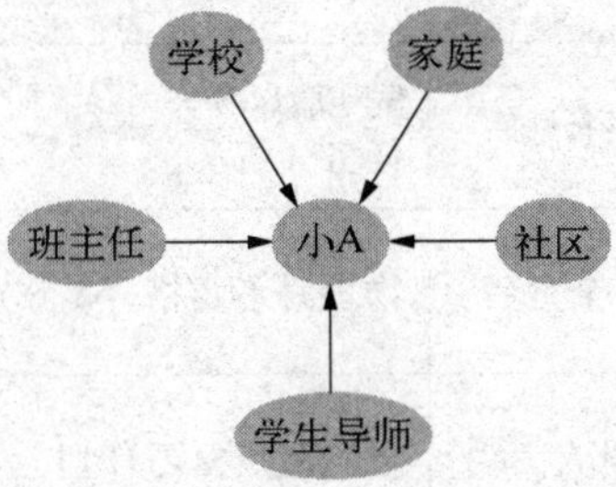

学校安排小A参与学校"勤工俭学"项目,减轻家庭的经济负担,在生活上给予经济资助,组织班主任、学生导师一起协同沟通制定帮助计划向小A辐射效能;学校组织家庭教育指导教师与其家长加强沟通联系,开展家庭教育指导,针对家庭教育中亲子沟通的教育方式和方法给予具体的指导和帮助;同时由学校与社区沟通协同资源向小A发挥影响和辐射。

(一)班主任对"小A"的辐射

为加强对小A的反馈与支持,班主任设置"进步可视墙",班级内组织学生发起阶段性目标打卡活动,如"本周作业按时提交、上课不睡觉、上课积极与老师互动等",达成后由同学签名见证。在班内组建一对一结对学习小组,形成同学间的互助与比拼。

(二)导师对"小A"的辐射

通过沟通导师发现小A擅长手工,于是开展由导师主导的"优势迁移训练",安排其参与物理实验器材制作,将动手能力迁移至理科学习。由导师协同数学和物理教师制定"小A同学的小台阶计划",将课程内容拆解为每日可完成的3个基础题,完成后给予鼓励与赞许。

(三)家庭对"小A"的辐射

由学校与家长沟通,建议家长执行"5分钟高质量对话"计划,给予孩子关怀

支撑。母亲每天睡前用5分钟进行"3句话沟通"(1句学习询问+1句生活关心+1句鼓励)，避免批判性语言。

(四) 社区对"小A"的辐射

由学校链接社区大学生志愿者为小A提供"游戏化学习"(如用《我的世界》游戏模拟物理力学)。由社区组织"榜样家庭"结对，安排同社区的单亲家庭优秀高中生与小A及其母亲分享时间管理经验。

三、方法效果评估

时　间	核心点进展	家庭辐射效果	学校/社区辐射效果
1个月后	完成 80%"小台阶"任务	母亲意识到亲子沟通的重要性	课间辅导参与率 100%
3个月后	物理月考及格(62分)	母亲尝试运用学校指导的方式方法开展亲子沟通	加入社区科学兴趣小组
半年后	自我制定复习计划	愿意主动和母亲交流学习及生活等方面内容	获评班级"进步之星"

线性支持　重建联结　唤醒亲情

小B，初三学生，父母均为企业高管，长期出差。日常由外婆照料，亲子沟通仅限于成绩质问和物质补偿。近期出现：故意损坏父亲送的生日礼物，在作文《我的家》中写道："他们只爱办公室里的电脑"，班主任反映其"用旷课等违纪行为引起父母注意"。

一、核心问题界定

小B的核心问题是亲子沟通断裂，亲子年均有效对话小于10次，且100%围绕学习成绩，于是出现情感冻结现象，孩子只能通过负面行为表达需求。父母用物质补偿替代陪伴，在孩子的成长过程中存在代际干扰，外婆的过度包办进一步削弱亲子直接互动。基于上述分析学校采取了线性沟通法，以学校为主导承担起架设亲子关系线的关键节点，构建"唤醒认知→家校共建→实践强化→环境支持”的递进式沟通修复链。

二、通过“线性支持”路径实施教育策略

（一）唤醒认知

学校首先与家长进行深入沟通，帮助父母认识到亲子沟通的重要性以及当前沟通方式的问题所在，唤醒他们对亲子关系的重新认知和重视。学校组织专业的心理咨询师对小 B 父母进行一对一辅导，教授有效的沟通技巧和情感表达方式，如倾听、共情、正面反馈等，鼓励他们增加与孩子的非学习话题交流，关注小 B 的情感需求和心理状态。

（二）家校共建

学校定期举办亲子活动，如家庭运动会、亲子阅读日等，为小 B 和父母创造共同参与的机会，增进亲子间的了解和互动。同时，学校建立家校沟通平台，及时分享小 B 在校的表现和进步，鼓励家长积极参与孩子的成长过程。

（三）实践强化

学校设计了一系列亲子任务，如共同完成一项手工制作、一起参加社区服务活动等，通过实践活动加深亲子间的情感联结，让小 B 感受到父母的关爱和支持。同时，鼓励小 B 主动向父母表达自己的感受和想法，学会用积极的方式寻求关注和帮助。

（四）环境支持

学校与社区沟通合作，为小 B 家庭提供必要的资源和支持，如心理咨询服务、家庭教育讲座等，帮助家庭营造良好的沟通氛围。同时，鼓励小 B 家长调整工作节奏，合理安排时间，积极参与社区活动，增加与小 B 的相处时间，减少因工作忙碌而忽略孩子的情况发生。

三、效果反馈

通过这一系列递进式的沟通修复链实施，小 B 与父母的关系逐渐得到修复，亲子间的沟通变得更加顺畅和频繁。小 B 开始主动与父母分享自己的学习和生活点滴，而父母也更加关注孩子的情感需求和成长变化。在共同参与的活动和任务中，小 B 感受到了家庭的温暖和支持，与父母之间的情感联结得到了显著的加强。同时，通过学校的家校沟通平台，父母能够及时了解孩子在校的表现和进步，更加积极地参与到孩子的成长过程中，形成了良好的家庭氛围。

网络覆盖　人际突围　心灵成长

小 C 是一名高二学生，因与小 D 曾经交好，后两人发生矛盾，小 C 认为小 D 总是针对自己，逐渐感觉自己被以小 D 为中心的群体孤立，心理压力越来越大，最终发展为抑郁情绪，拒绝来校上学。

一、核心问题界定

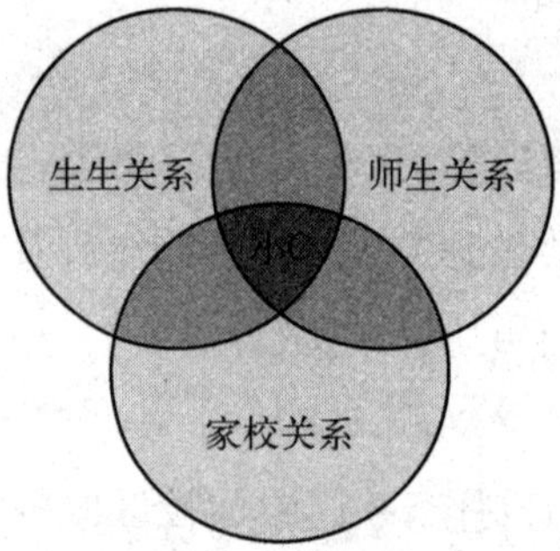

审视小 C 的人际交往问题和小 C 的内在心理需求，其核心问题在于同学间的人际交往，因此学校发挥主导作用，净化生生关系、升温师生情感、构建和谐家校关系，通过建立点与点之间的协同性，形成交叉覆盖的网络，为小 C 的重返校园打造和谐人际交往环境。

二、通过"网络覆盖"路径实施教育策略

（一）创设包容性班级环境

1. 基于支撑的班内沟通

在学校的组织下班级开展"破冰 2.0"计划。班主任开展每月 1 次随机分组任务（如"密室逃脱式解谜""班级辩论赛"），引导不同圈子学生进行合作。

班级宣传栏设置"匿名夸夸墙"，班主任每周让同学匿名写下对某位同学的欣赏（如"谢谢××上次借我笔记"），班会课上公开宣读，在班级内形成对小 C 情绪的正面反馈。

2. 基于反馈的朋辈调解

为了形成更好的沟通路径，班主任培训学生担任"朋辈调解员"，用"非暴力

沟通四步法”（观察—感受—需求—请求）化解同学间矛盾，调动冲突双方实施“共同目标任务”（如合作完成一期黑板报等）。在班主任的推荐下小 C 参加了学校的“宠愈空间”心理社，在和同辈一起照顾校园萌宠的过程中，形成健康的人际交往关系。

3. 基于引导的沟通课程

针对小 C 这类学生在人际交往中的问题与需求，学校在心理课中增设“高情商沟通实验室”，由心理老师主导模拟如下场景：如何拒绝不合理请求、如何应对玩笑过度、如何加入集体讨论等，在集体教育中引导小 C 回归正常的人际交往。

（二）营造和谐的校园氛围

1. 单独疏导

导师通过一对一的交流方式，细致地了解小 C 的心理状态，包括他的情绪波动、压力来源以及可能存在的心理障碍。导师不仅在问题出现时给予及时的指导和支持，而且保持一种持续稳定的关注态度，确保小 C 在学习和生活中都能得到必要的帮助和引导。

2. 信任辅心

心理老师与小 C 建立起信任关系，让小 C 感受到被理解和支持，同时通过专业的心理辅导技巧，帮助小 C 识别并处理内心的负面情绪，如焦虑、抑郁等，同时教授小 C 一些有效的情绪调节技巧，如深呼吸、放松训练等，帮助小 C 在面对压力时能够保持冷静和理智。

3. 密联融集

班主任与小 C 保持密切沟通，通过组织班级活动和团队项目，班主任促进了学生之间的交流和合作，帮助小 C 更好地融入集体，增强他的归属感和自信心。

（三）构建同向同行的家校力量

1. 周情速递

班主任每周向家长发送小 C 的心理状态和学习情况简报，保持和家长的长效沟通。简报不仅涵盖了小 C 在学习上的进展和遇到的困难，还包括了他在学校的心理健康状况，以及老师对他的观察和建议。通过及时地沟通反馈家长可以更好地了解孩子在校的表现，从而在家庭中给予相应的支持和引导。

2. 月心述评

心理老师每月以心理健康评估报告的形式与班主任和家长保持沟通，及时反映小 C 的心理状态，帮助班主任和家长更好地了解小 C 在校园内外的心理健康状况，以便采取相应的支持和干预措施。

3. 家教赋能

学校通过家长会、家长学校、愈道心理疗愈沙龙等多种途径给予家长心理学方面的知识和帮助，指导家长与学生进行沟通，帮助家长获得更多的专业支撑和方法。

三、效果反馈

通过网络覆盖法的实施，学校成功构建了一个高效、有序的沟通网络：小 C 的心理状态得到显著改善，他逐渐恢复自信并重返校园。班级同学在小 C 回归后表现出更多的包容和支持，班级氛围更加和谐。家长与学校的沟通更加紧密，家校协同效果显著提升。学校管理层通过优化沟通网络，为类似问题的解决提供了可复制的模式。

"点线结合法"是一种综合性的沟通策略，旨在通过点（个体）和线（关系）的结合，形成一个高效、有序的沟通网络。这种方法的核心在于将个体（如学生、家长、教师、社区工作者）作为沟通的节点，建立和维护节点之间的关系线，根据学生问题的不同类型启动相应的方法，通过点线辐射法、线性沟通法、网络覆盖法形成一个多层次、多维度的沟通体制。该方法不仅关注个体之间的直接沟通，还强调通过中介节点的传递和反馈，实现信息的全面覆盖和高效传递。在本案例中"点线结合法"不仅解决了学生的多种类型问题，还为学校提供了一种高效的校家社协同模式。通过点与线的交织，学校实现了沟通无界、支持无界，为学生的健康成长筑起了一道坚实的桥梁，助力学生走出实际困境，拥抱阳光校园生活。

（上海市市东实验中学　孙佳音）

评估机制：夯实校家社协同育人的基石

上海市延安初级中学　李　莹

健全校家社协同育人机制是落实国家教育决策部署的关键，而科学的评估机制是其有序推进的前提。评估不仅用于衡量学生学习生活状况与教师教学效果，更是促进三方协同育人的基础。学校作为专业教育机构，应主导评估工作，确保科学性与有效性；家庭需积极配合，社会应提供资源支持。

本章结合实践案例，阐述评估机制的价值与实施路径。例如，“五色评估法”通过多维度指标综合评估学生心理健康，为个性化教育提供依据；“涓涓细流法”以持续温和的方式洞察学生及家庭真实需求；“多棱镜排摸法”结合科学指标与日常观察，精准识别学生困境。这些方法在需求识别、资源整合及家校合作中展现出显著优势，有效提升学生综合素质并促进教育公平。通过典型案例分析，为校家社评估机制的优化提供可借鉴经验，推动协同育人工作精准化，助力学生全面发展。

一　构建校家社协同育人评估机制的价值意蕴

校家社协同育人评估机制是一种系统性的教育评估体系，旨在通过学校、家庭和社会三方的紧密协作，全面动态地评估学生的成长与发展。通过科学指标设计、多元主体参与与持续反馈循环，对三方协作的资源配置、互动效能及育人成果进行量化和质性分析，诊断协同育人生态的薄弱环节，优化教育行动策略，推动形成责任共担、资源共享、效能共生的现代化治理模式。

（一）精准把脉需求，夯实调配根基

通过全面评估，学校能深入了解学生的个性化需求及家庭社会背景，从而精准对接教育支持机制。评估结果指导学校、家庭、社会协同制定教育支持计划，确保资源有效整合与利用，为学生提供全方位、多层次的支持，为协同育人奠定坚实基础。

（二）深度诊断问题，驱动协同优化

通过定期评估提供精准的数据支持与问题诊断，学校及时发现教育过程中的问题与不足，及时调整教育策略，并将这些信息反馈给家长和社会，促进三方共同反思与改进。这种基于评估的反馈，增强了教育的针对性和实效性，有助于形成持续改进的良性循环，推动校家社协同育人机制的不断优化与升级。

（三）多元整合信息，高效统筹资源

通过这一机制，学校能够深入了解学生的家庭教育需求，以及家庭和社会能够为学校教育提供的支撑。基于这些信息，学校可以更高效地统筹和整合校内外资源，包括家庭和社会的力量，共同为学生的成长提供全方位的支持。这种以学校为主导的资源有效整合，不仅提升了教育的质量和效率，也促进了学校、家庭和社会之间的深度合作。

（四）强化家校互通，共筑教育规划

学校主导的评估，其结果可以为家长提供详尽、科学的孩子成长报告，帮助家长更清晰地了解孩子在不同阶段的成长表现。这种信息的融通，使得家长能够根据学生阶段性的成长需求，与学校共同制定更加适合孩子的教育规划。

（五）锚定保障需求，拓展生涯空间

通过评估，明确学生成长对社会的保障需求，进而与社会各界建立更加紧密的合作关系。这种合作不仅为学生提供了更加广阔的学习环境和丰富的学习资源，也增强了学生对社会的归属感和责任感。社会的广泛参与，为学校教育提供

了坚实的保障，使得学校教育不再局限于校园之内，而是成为一个与社会紧密相连的开放系统。

二 构建校家社协同育人评估机制的基本原则

建立基于实证研究、注重隐私安全并能动态优化的评估机制，是推动教育评估精准实施的核心要素。在具体实施层面，该机制需依托教育测量学的专业框架保障数据效度，同时建立严格的信息保密制度维护受教育者及监护人的数据权益。系统的反馈调节功能能够实时追踪学生的成长轨迹，同步匹配教育策略的演进需求。通过这种多维联动的运作模式，能够有效整合学校、家庭及社会的育人资源，构建三位一体的协同发展格局。

（一）科学性

评估机制需植根于认知发展理论及标准化测评工具，通过三角互证法（学业表现分析、心理量表筛查、家校行为观察）实现测量工具的信效度校验。数据采集采取多模态混合路径，涵盖学生在校行为记录、家长问卷调查、访谈、家访、观察，社区文化环境评估等复合维度，确保基础数据的生态效度。例如，新生入学，学校安排班主任和导师开展全覆盖家访，从生活环境、家庭情况、父母对孩子的期望、亲子关系、社区环境等方面进行评估；学生入校后，区域层面会开展心理问卷排摸和学业适应性检测等。

（二）保密性

在评估机制的构建与实践中，隐私保护是不可或缺的重要原则。依据《中华人民共和国个人信息保护法》等规范性文件，构建学生数据保护机制。具体来说，应确保评估数据的收集和使用目的明确、合法、必要，并经过学生及其家长的同意；在评估结果的反馈和使用过程中，应确保学生的个人信息不被泄露给未经授权的第三方。例如在开展学生心理问题评估时，隐私保护需遵循严格的伦理规范和法律框架。《中华人民共和国未成年人保护法》规定处理未成年人信息需设置专人专岗（第 72 条），禁止非必要信息留存；《学生心理健康教育指南》

要求建立心理危机干预与常规评估数据的分级访问机制。

（三）动态性

采用动态修正评估模式，使测评维度随学龄阶段演进实现自适应匹配。通过阶段性的评估，可以了解学生的阶段性状况，发现教育过程中的优势、问题和不足，及时采取支持措施进行改进和优化。例如，学业中的阶段性检测的本质是教育过程的动态传感器，其价值不仅在于测量结果，更在于构建“评估—诊断—改进”的增强回路。关于学生心理方面的评估，除了新生全样本的心理排摸，学校还设计有“一班一表”，即《学生心理状况反馈表》，由各班班主任、导师及任课老师共同反馈班内需要关注的特殊学生，跟踪评估与动态更新。

（四）协同性

建立常态化的校家社三方沟通平台，设计校家社三方参与的评估规则。学校应主动与家长和社会沟通，了解他们的需求和期望，共同制定评估标准和方案。同时，家长和社会也应积极参与评估过程，提供反馈和建议，共同推动学生的成长和发展。这种三维赋能的参与模式，通过构建教育评估改进闭环，最终实现教育主体的协同进化与育人成效的整体提升。

三 构建校家社协同育人评估机制的基本路径

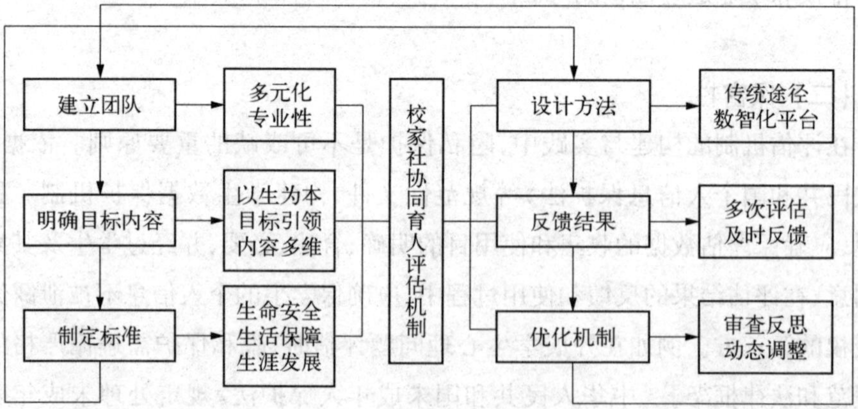

路径图

(一) 建立评估工作团队

评估团队是校家社协同育人机制评估工作的核心,其构成应充分体现多元化与专业性,确保评估的全面性、客观性和专业性。具体而言,团队应以教师、家长为主体,根据实际需求,将社会相关部门的人员,如社区代表、未保部门、妇联、医疗机构等纳入其中。

1. 学校教师

作为教育一线的直接参与者,学校教师应占据评估团队的核心地位。他们不仅了解学生的学习情况、性格特点,还能从教育专业的角度出发,对学生的学业成就、道德品质、身心健康等多方面进行全面评估。特别是自 2021 年起,上海市在全市中小学全面实施的全员导师制,更为学校主导的评估工作提供了坚实的人员保障。

2. 家长代表

家长是孩子成长过程中的重要陪伴者和支持者,他们的参与能够使评估工作更加贴近家庭实际,反映家庭对孩子成长的影响。家长代表可以就家庭支持、亲子关系等方面提供宝贵的评估意见,同时也能增强家长对学校教育工作的理解和信任,促进家校共育。

3. 社会代表

在某类评估中,需要社会相关人员的协同。如社区代表,通常对社区内的家庭环境、邻里关系、社区资源等有着深入的了解。他们的参与能够为家庭评估提供更为全面、多维度的视角,帮助评估者更准确地了解特殊家庭所处的社区环境和背景,为家庭评估提供更具针对性的建议。

4. 专业人士

在某类专业性较强的评估中,评估团队还应按需吸纳具有心理学、教育学、社会学等相关专业背景的专业评估人员。他们能够从专业角度对数据进行深度分析,为评估结果的准确性和有效性提供有力保障。如学校聘请心理专业医生作为心理顾问,能够显著提升评估的专业性和针对性。

(二) 明确评估目标和内容

评估机制的构建应以学生为中心,全方位、多角度地关注学生的全面发展与个性化成长。评估目标不仅在于衡量学生的当前状态，更在于引导其未来发展方向，促进校家社三方形成共识，共同为学生的健康成长护航。评估内容应涵盖道德品质、学业水平、身心健康、家庭支持、社会融合等多个维度，同时关注家庭支持和社会影响。通过明确评估目标和内容，可以确保评估机制的科学性和针对性。

（三）制定科学的评估指标

从教育评价的相关理论研究来看，科学合理的评估标准对于准确衡量教育成效、促进学生全面发展起着关键作用，它是教育目标得以落实的重要保障，也是教育质量提升的重要推动力。因此，在制定评估标准时，我们应充分考虑学生的年龄、发展阶段和特点，同时基于国家标准、地方和学校特色，协同育人至少从生命安全、生活保障、生涯发展三个方面展开。通过制定三方面的评估标准，可以更加全面、客观地评估学生的成长情况，为校家社协同育人机制提供有力的支持。同时，评估标准也应随着教育环境的变化和学生发展的需求进行适时调整和优化，以确保其持续的有效性和适应性。

（四）运用多元化的评估工具和方法

AI 时代，大数据、人工智能、云计算等新兴技术正以前所未有的速度重塑教育生态，为校家社协同育人机制的评估环节提供了丰富多样的手段。

当前教育领域较多采用科学量化的评估，可以设计在线问卷与量表，利用网络平台设计问卷或量表，针对学生的学习态度、家庭参与度、社会活动表现等进行量化评估；在学习数据分析方面，借助学习管理系统或智能教学平台，如智能录课系统，三个助手平台，电子纸笔作业等，收集学生的学习行为数据（如登录次数、作业完成情况、在线测试成绩等），通过算法分析学生的学习习惯、进步速度及潜在问题，为个性化教学提供依据。在创建电子档案方面，建立学生五育并举的数字化评价系统，记录其在德育、智育、体育、美育、劳育等多方面的成长轨迹。利用云计算技术，实现数据的云端存储与共享，便于家长、教师及学生本人随时查阅，促进家校间的信息透明与沟通。

当然，传统的面对面的质性评估也有着不可替代的作用。常见的一种方式是深度访谈，与学生、家长进行一对一或小组访谈，包括家访等，深入了解他们的真实想法、需求和困惑。访谈内容可涵盖学习动力、家庭氛围、家校沟通效果等多个维度，为制定针对性的支持策略提供依据。另一种方式是参与式观察，教师在课堂内外观察学生的行为表现，家长在社会活动中观察孩子的社交能力，同时记录关键事件和成长亮点。这种评估方式有助于捕捉学生的非言语信息，提供更丰富、细腻的评估视角。家长会，家长开放日与家长沙龙等定期举办的家校共育活动，也是常见的质性评估方式，在这些活动中，可以分享学生的学习进展和家校合作成果，鼓励家长之间交流育儿经验，形成相互学习、共同成长的良好氛围。在这些活动中，可以通过小组讨论、角色扮演等形式，收集家长对家校合作的反馈和建议。

展望未来，随着人工智能技术的持续革新，评估方法将更加注重量化与质性的结合，即大数据驱动的量化分析与人工智能辅助的质性评估深度融合，形成既科学严谨又充满人文关怀的评估新模式。这种融合趋势不仅能够更加全面、动态地反映学生的综合素质与个性化发展需求，还将为校家社协同育人机制注入更强的适应性与生命力，共同推动教育生态的持续优化与升级，为培养未来社会所需的全面发展人才奠定坚实基础。

（五）反馈评估结果

在校家社协同育人机制的评估环节中，确保评估结果的及时反馈与精准支持至关重要。这不仅能够促进学生、家长及社会对育人过程的深入了解，还能指导学校更有效地整合家庭与社会资源，为学生制定更加贴合其实际需求的教育措施和计划。

首次排摸后的反馈：学校应为每位学生编制个性化的评估反馈报告，明确列出学生在学业、社交、情感、体质等方面的表现，以及需要关注和改进的方面。报告按时按需给予学生或家长口头或书面的告知。有条件的学校可以借助数字化评估，生成学生的数字画像，以全面展示学生成长轨迹，提供个性化的教育支持，促进校家社的协同育人。

动态评估后的反馈：利用家长会或家校沟通平台（如微信群、学校官网等），动态评估后分享评估结果，特别是对学生有重要影响的评估发现。通过面对面的交流或线上互动，教师可以详细解释评估结果，听取家长意见，共同商讨改进策略。

（六）优化评估机制

定期对评估机制进行审查和反思，根据实际情况进行调整和优化，以确保评估机制的适应性和有效性。

通过上述及时反馈与合理运用评估结果的做法，学校能够更准确地把握学生的发展需求，为学生提供更加个性化、精准的教育支持，推动校家社协同育人机制的持续优化和发展。

四 校家社协同育人评估机制的实施

在校家社协同育人的大背景下，评估机制的构建与实施显得尤为关键。它不仅是连接学校、家庭和社会的桥梁，更是推动学生全面发展的重要驱动力。为了确保评估工作的科学性、全面性和有效性，我们需要从多个维度入手，精心设计和实施评估机制。

（一）生命安全层面

从学生生命安全层面开展心困学生的评估，要注重心理测评的准确性和及时性，通过专业的测评工具和方法，深入了解学生的心理状态，为后续的干预和支持提供科学依据。同时，要加强与家长的沟通与合作，共同关注学生的心理健康，形成家校共育的良好氛围。

（二）生活保障层面

从学生生活保障层面开展家困学生的评估，要建立公平、公正的认定程序，确保每一位真正需要帮助的学生都能得到应有的支持。通过整合民政、扶贫、残联等多部门资源，形成合力，为家困学生提供全方位、多层次的帮助。

（三）生涯发展层面

从生涯发展层面开展评估是学生成长过程中的重要环节。要通过自我认知、环境探索、目标设定、行动计划等多个方面的评估,引导学生明确自己的生涯方向,制定切实可行的发展计划。同时,要鼓励学生积极参与社会实践和志愿服务等活动,提升自己的综合素质和能力。

以下为生命安全情境中校家社评估机制的构建与实施过程——

测评前准备

1. 确定测评对象和范围

(1) 新生入校,学校开展心理普查;

(2) 由班主任、导师或心理老师根据学生的日常表现和行为,定期筛查出可能存在心理问题的学生。

2. 家长授权

由班主任或心理老师联系家长,授权学校对学生进行心理评估。

3. 准备测评工具和材料

选择适合学生年龄和心理特点的测评量表或问卷,确保测评工具的信度和效度。

4. 安排测评时间和地点

选择在学生状态较为稳定、不受干扰的时间和地点进行测评。

实施测评

1. 评估居家情况

通过前期与家长的沟通,初步评估学生在家情况。心理老师与学生交流沟通,初步评估学生状况。

2. 进行测评

按照测评工具的指导语和要求,让学生认真填写测评问卷或量表。心理老师或班主任需在场监督,确保测评过程的顺利进行。

3. 观察学生反应

心理老师在测评过程中要密切观察学生的反应和情绪变化,以便及时发现并处理可能出现的问题。

测评结果分析

1. 整理测评数据

将测评结果录入电脑或纸质表格中，进行整理和分类。

2. 分析测评结果

根据测评数据，观察访谈情况，分析学生可能存在的心理问题及其严重程度。

3. 制定干预计划

针对测评结果，制定个性化的心理干预计划，包括心理咨询、心理辅导、就医治疗等。

生活保障

政府：

对于家庭经济困难的学生而言，国家资助平台提供了一个综合性的助学服务机制，旨在帮助困难学生接受各学段的教育。该平台集政策发布、申请提交、审核审批及资金发放等功能于一体，实现了从申请到资助发放的一站式服务。学校根据"一网通办"推送的"免申即享"学生名单，通知相关学生家长，学生监护人在线上申请资助。平台会通过自动审核结合人工复核的方式，确保资助项目的公平、公正和有效实施。这一流程大大简化了资助程序，显著提升了工作效率。

校级：

1. 学生本人提出申请

学生家庭向学校提出家庭经济困难认定申请。

2. 校级审核

学校在收到学生的申请后，组织专门的人员进行初审。初审主要包括对学生家庭经济状况进行评估。这一步骤旨在确保认定工作的准确性和公正性。初审过程中，学校可能会询问年级组和班主任、采取家访、走访相关街道等方式对申请人的家庭经济状况和实际生活水平进行进一步的调查核实。

校级：初审完成递交校务会完成审核，确定资助形式和金额。

生涯发展

生涯发展是指一个人在自我发展过程中尝试统整各种生活、工作和学习经验,特别是通过工作认同来实践有理想、有目标的人生。生涯发展评估,是对这一过程进行系统性、科学性的考量与评价,旨在促进个体的全面发展。上海中小学在此方面进行了积极探索与实践。

1. 实施生涯教育课程与活动

开设生涯教育课程:上海中小学通过开设专门的生涯教育课程,系统地向学生传授生涯规划的知识和技能。例如格致教育集团高中学段生涯教育的重点实施内容,遵循科学性、发展性和一体性原则,从学生成长需求和学校育人目标出发,由"个性成长""学业指导""职涯规划"三大模块,共 24 个主题,帮助学生形成初步的生涯规划意识。①

组织生涯教育活动:除了课程教学外,上海中小学还组织了各种生涯教育活动,如职业体验日、生涯规划讲座、生涯规划比赛等。这些活动为学生提供了实践的机会,让他们亲身体验不同职业的特点和要求,从而更加明确自己的职业兴趣和方向。

2. 建立学生成长档案

上海中小学注重记录学生的成长过程,通过建立学生成长档案,全面反映学生在生涯发展方面的进步和成就。这些档案通常包括学生的自我认知报告、职业体验报告、生涯规划书等材料,为学生未来的升学和就业提供了有力的支持。

综上所述,上海中小学在开展生涯发展评估方面采取了多种做法,旨在帮助学生全面了解自己、认识社会、规划未来。这些做法不仅有助于提升学生的生涯规划意识和能力,还有助于促进学生的全面发展和终身发展。

五 校家社评估机制完善与优化的具体措施

(一)"多棱镜排摸法"在校家社评估机制中的应用

1. 内涵解读

"多棱镜排摸法"以心理状态、家庭情况、学业表现等为维度,整合家庭、学

① 周雯婕,《高中生涯发展主题教育活动实践研究》,上海教育出版社 2021 年版

校、社区等多方资源，通过科学指标和日常细致观察，有效识别学生的困境与需求，构建多维度的校家社协同育人评估体系。将专业工具与场景化实践相结合，打破资源壁垒，形成动态、闭环的流程，最终促进学生全面成长。

2. 具体措施

（1）多维度排摸设计：家庭与课堂观察、心理与情绪监测、社区资源联动。

（2）分级响应机制：红色预警（紧急干预）、黄色关注（持续跟踪）、绿色正常（预防抽检）。

（3）闭环管理流程：信号收集、协同研判、反馈干预、分流指导。

（4）动态优化：定期培训教师观察能力，完善社区数据共享规范，建立"分层排摸—动态升级"弹性体系，适应学生问题的动态变化。

详见实践案例4："场景赋能　以'镜'鉴人——以'多棱镜排摸法'深化校家社协同育人评估机制的实践探索"。

（二）"涓涓细流法"在校家社评估机制中的应用

1. 内涵解读

"涓涓细流法"旨在通过导师与学生、家长面对面的交流，整合多方资源，为学生提供客观而多元的评估。此评估方法可从双重维度加以诠释：其一，犹如山涧清泉涤荡尘埃，通过系统评估与细致观察，能够洗去表象的浮华，深入洞察学生及其家庭的真实状况，从而把握事物的本质内核；其二，宛若春雨润物细无声，在导师与学生面对面的心灵对话中，以持续而温和的评估方式润泽学生的心田，最终实现彼此精神世界的共鸣与交融。

2. 具体措施

（1）多种渠道：导师通过一对一面对面交流、家访、谈心谈话等形式，加强与家长、学生、班主任、任课教师等多方沟通。通过面对面交流这种质性评估方式，共同评估学生情况，分析学生在成长过程中遇到的问题，化解成长难题。

（2）资源整合：在评估中，导师结合生存保障、生命安全、生涯发展三方面学生需要的问题，整合学校、家庭和社会的教育资源，形成校家社协同育人评估机制合力。

（3）持续关注：导师通过动态跟踪、持续关注，加强对学生的深度评估与分析，精准挖掘学生的个性化需求。

（4）队伍建设：学校借助校本培训、专题研讨、专家讲座、实践观摩等方式，对导师进行政策理念、专业指导、心理健康沟通等培训，提升导师校家社协同育人能力。

详见实践案例5："涓涓如细流　循循润心田——以'涓涓细流法'助推协同育人评估机制构建的实践探索"。

（三）"五色评估法"在校家社评估机制中的应用

1. 内涵解读

聚焦学生身心发展，运用"红橙黄蓝绿"五色评估法，通过校家社协同参与，全方位评估学生整体心理健康水平，形成综合性的评估结果，为个性化教育和专业心理辅导提供坚实保障。

2. 具体措施

（1）明确需求：根据学生成长的需求，基于学校现有的学情生情，确定开展心理健康评估的目的、对象及主要内容。

（2）评估方法：运用五色评估法，包括心理健康评测的科学测试或量表，应用数字化平台和电子档案，开展个别咨询或访谈，邀请教师参与观察等，形成多角度的评估数据与结果，以五色进行分级。

（3）资源整合：选取家长约谈、家访等形式开展与学生的家庭合作，更全面地评估学生的心理健康状态，复评五色等级，并与家长共同分析、共同制定有效的后续观察及干预策略。同时整合社会资源，必要时开展转介评估，或与社区、心理健康辅导机构合作等，开展多方位家庭支持。

（4）评价反馈：形成个性化心理健康评估结果后，及时反馈给家长及教师。合理运用评估结果，进一步指导家长和教师为学生制定个性化教育计划，呵护学生身心健康发展。

详见实践案例6："'心'声绘'色'，守护绿洲——以'五色评估法'优化校家社协同育人评估机制的实践探索"。

六 结论与展望

校家社协同育人评估机制的建立，对于现代教育体系来说，是一次重要的创新和进步。这种机制强调了学校、家庭、社会三者之间的紧密合作，共同为孩子的成长提供支持。评估机制作为这一协同育人的重要组成部分，不仅确保了教育质量，还促进了教育公平。

通过校家社协同育人评估机制，我们能够更加全面地了解和评价学生的情况，发现问题并及时进行干预。同时，这种机制也促进了家校之间的沟通与合作，让家长更加了解孩子在学校的情况，也能更好地配合学校的教育工作。此外，这种评估机制还强调了社会的参与，充分利用社会资源，为学生提供更广阔的学习平台和实践机会。这不仅有助于学生的全面发展，也提高了教育的社会适应性。

展望未来，校家社协同育人评估机制的应用前景广阔。首先，我们需要继续深化对这一机制的研究与实践，进一步优化评估指标体系，确保评估结果的全面性和准确性。其次，应加强评估结果的应用与反馈，确保评估工作能够真正落地生根，产生实效。同时，还应积极探索评估机制的创新与发展，如引入新兴技术提升评估效率，或开展跨地区、跨领域的合作与交流，共同推动评估机制的完善与升级，为学生的全面发展与社会的进步贡献更多力量。

案例 4

场景赋能　以“镜”鉴人

——以“多棱镜排摸法”深化校家社协同育人评估机制的实践探索

在教育公平理念持续深化的当下，学生面临的成长困境在学业困境、经济困难的基础上，延伸至心理障碍、家庭矛盾等单个或多个维度的复杂挑战。学生成长困境的排摸评估面临着两大困难：一是学生成长问题的日益复杂化，二是学校资源的相对局限性。如何通过有效的排摸方法实现比较精准的识别，帮助特殊学生突破成长困境，已成为育人过程中的重要课题。

一、“多棱镜排摸法”：不同维度的有机结合

学校以全方位、多维度的“多棱镜排摸法”为基础，以不同维度的棱结合构成的不同镜面反映出学生成长的各类信息，有效识别学生困境及其面临的问题，进而有针对性地协同合作开展教育教学，最终指向于学生的全面成长这一顶点目标。

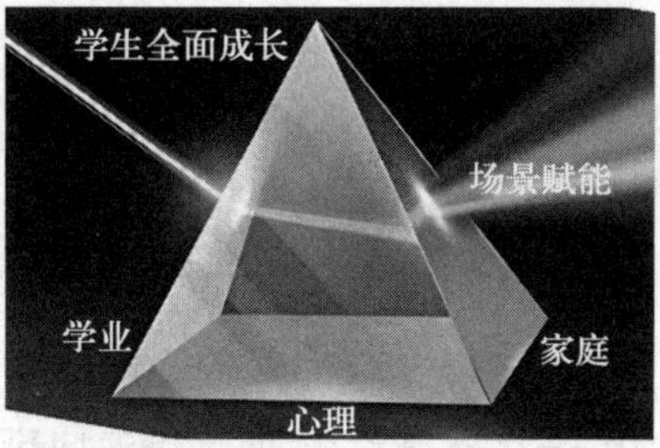

（一）“多棱镜排摸法”的场景化应用

镜面 1：家庭与课堂的深度洞察

老师们从学生的细微行为中捕捉家庭场景中的关键信息。就拿小麦同学来说，他进入高中后，状态急转直下，长期上学迟到，课堂上更是频繁打瞌睡，眼神迷离，无精打采。班长和生活委员作为班级中“观察哨”，第一时间察觉到这一异常，迅速告知班主任。班主任没有丝毫懈怠，立即上报学校管理部门，与社区取得联系，仔细核对信息，发现小麦虽不属于低保家庭，但独自租房居住，父母远在香港，无法给予他日常的陪伴与照顾。为了深入了解情况，班主任亲自前往小

麦的住所进行家访。在那略显狭小且简陋的出租屋里，班主任与小麦促膝长谈，终于了解到他为了补贴生活费，晚上不得不去打零工，常常工作到深夜，严重影响了睡眠质量，进而导致学习成绩大幅下滑。通过这种深入细致地观察与沟通，学校精准定位了小麦的经济困境，为后续的帮扶工作明确了方向。

老师们在课堂上同样密切关注学生的课堂参与度。积极发言的学生往往思维活跃，充满求知欲，而沉默寡言的学生可能存在学习困难或心理压力。每次考试结束后，老师们都会花费大量时间仔细分析试卷，不仅关注学生的成绩，更注重分析学生的答题情况。比如，通过分析学生在数学试卷中某一类题型的错误率，就能判断出他们在该知识点上的薄弱环节。若是发现学生在函数部分的错误较多，老师就会进一步分析是对函数概念理解不清，还是解题方法掌握不当，从而为学生提供个性化的学习指导，帮助他们有针对性地提升学习能力。

这一过程正是多棱镜排摸法中家庭和课堂形成镜面的典型体现，从学生家庭生活的实际状况出发，挖掘影响学生成长的因素。从课堂观察学生的学习表现出发，精准把握学生的学业状况，两相结合，便利教师深度洞察。

镜面2：心理和学业表现

每个班级的心理委员是学生日常生活中的知心人。他们就像贴心的“心灵小卫士”，接受学校统一安排组织的培训后，积极承担起宣传心理健康知识的重任。定期组织心理健康主题班会，精心准备一些生动有趣的心理调适小技巧，如通过深呼吸缓解紧张情绪、用积极的自我暗示增强自信心等，让同学们在轻松愉快的氛围中关注自己的心理健康。同时，心理委员时刻留意班级同学的情绪变化，一旦发现异常，便会迅速向班主任和心理教师汇报，为及时干预争取宝贵时间，为学生心理健康的日常维护和问题发现起到了关键的桥梁作用。

班主任、全员导师和心理委员组成了高效的“观察镜面”。学校定期召开班级通气会，各任课教师在班主任牵头下互相交流需要关注学生的情况和事宜。在一次班级通气会上，语文教师满脸忧虑地提到，通过批改学生的周记，发现小宋同学的字里行间流露出消极情绪，文章中频繁出现对生活的迷茫和对未来的绝望，怀疑他可能存在心理问题。体育教师紧接着反馈，小宋近期在体育课上的表现大不如前，运动参与度明显下降，以往充满活力的他，现在总是消极对待体育活动，跑步时步伐沉重，眼神中透着失落。心理委员也表示，小宋近来总是独来独往，很少与同学们交流，课间休息时，他常常一个人坐在角落里发呆。

通过心理和学业不同维度形成的镜面，学校能够了解学生在校的不同方面情况，为后续的干预提供有力依据。小宋的情况生动展现了多棱镜排摸法中各方协同观察的作用，全员导师和学生干部从各自角度发现问题，汇聚信息，为深入了解学生心理状况提供了丰富线索。

镜面3：社区资源的整合

学校成立了卢湾高级中学"如翼"教联体，联动各方资源给予学生全面评估与帮助。联合体汇聚了街道、学校、企业、心理驿站、居委会、派出所、司法所等多方力量。学校借助社区提供的需要关注家庭名单，能快速筛选出可能需要经济援助的辖区学生，避免了大规模烦琐的家访工作，大大提高了救助的精准性。在小麦的案例中，社区提供的信息帮助学校快速定位其家庭经济状况，为后续帮扶提供了重要基础，充分体现了社区资源整合对经济困难学生识别的助力。经过了前期的强化管理时期，街道也加强完善了和辖区内各单位尤其是学校的合作以及信息对接，重点关注的家庭和学生也很好地得到了支持和帮助，做到了无缝对接。

（二）排摸分级与响应逻辑

面对资源有限的现实，学校依据学生困境的紧急程度和具体情况，制定了科学合理的分类分级策略，根据具体情况校家社多方及时协同跟进，在危机干预、心理疏导、学业辅导、生活关爱等方面分工合作。对于"红色预警"的学生，如出现自杀倾向、遭受家庭暴力等紧急情况，学校会在24小时内迅速联动社区和专业机构进行紧急干预。对于"黄色关注"的学生，如成绩下滑、社交退缩等，学校会每月跟踪并制定个性化支持方案。而对于"绿色正常"群体，学校也会定期抽检，预防潜在问题的发生。这种分级响应逻辑，确保了学校在有限资源下，能够对不同困境学生进行精准且高效的排摸与干预。

二、"多棱镜排摸法"的实践路径

（一）多维度排摸工具运用

1. 生活保障：从"初步筛查"到"细节观察"

学校借助信息系统，精准排查经济困难学生，并按照资助流程为低保家庭、困境儿童等困难学生提供点对点的资助服务。设立了师生互助公益基金，帮助家庭突遭变故的学生以及未达到申请标准不在资助系统却又实际困难的学生。

小麦的情况就是如此，在确认小麦因经济困难而面临学业困境后，学校迅速行动起来。为了帮助小麦缓解经济压力，学校不仅为他提供了免费的学习资料，让他在学习资源上不再发愁，还积极为他申请餐费减免，在生活上不再困难。同时，从师生互助公益基金中给予他一定的资金支持，以解他的燃眉之急。在学业方面，任课教师们主动利用课余时间为小麦进行补习。通过这种全方位的帮扶，小麦逐渐从经济困境中走了出来，也不再需要再去打零工，日常睡眠也能得到保障，学习生活也步入了正轨。学校在经济困难学生排摸上，延伸从初步筛查信息到日常细节观察，确保了对经济困难学生的全面帮扶。

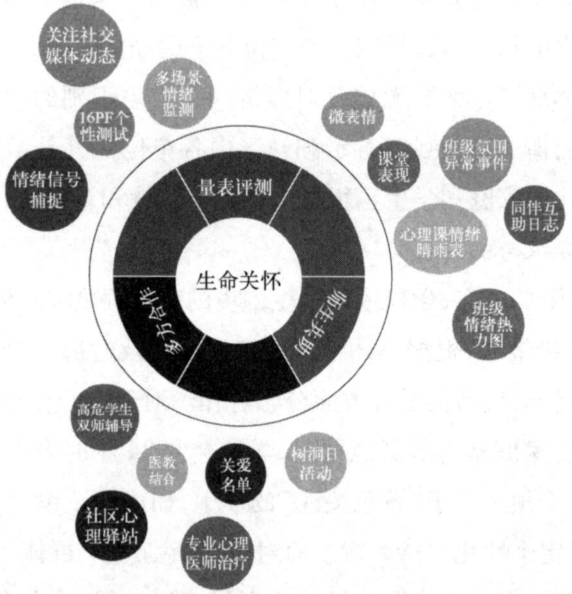

2. 生命关怀：从“量表测评”到“情绪信号捕捉”

学校构建了多维度的情绪信号捕捉体系，结合校社资源，为学生心理健康保驾护航。

小宋同学的心理危机便是通过情绪信号捕捉时发现的。在语文教师发现小宋周记中的消极情绪并反馈给班主任后，班主任联合心理委员与小宋谈心，在多次推心置腹的交流中，逐渐了解到他正遭受家庭冷暴力，内心痛苦绝望。为了帮助小宋走出心理困境，班主任每周都会与他进行一次深入的谈心，给予他关心和鼓励，让他感受到来自老师的温暖与支持。同时，推荐小宋参加艺术社团，希望通过丰富多彩的社团活动，让他转移注意力，重新找回生活的乐趣。学校还约谈了小宋的家长，与家长深入沟通家庭教育问题，提供专业的建议和指导，努力改善家庭氛围。此外，建议小宋定期到学校心理中心咨询，由专业的心理老师为他进行心理疏导。经过2个月的持续努力，小宋的情绪逐渐稳定，开始积极参与班级活动，在班级辩论赛中展现出自信，重新找回了积极向上的生活态度。

学校通过16PF个性测验初步了解学生的个性特征，同时结合教师在多场景下对学生情绪的监测，全面收集学生的情绪信号。老师们关注学生在社交媒体上的动态，看是否有消极情绪的表达；课堂上，留意学生的微表情，如眼神回避、频繁叹气等；心理委员每天记录班级氛围异常事件，形成同伴互助日志；学校还开展心理课“情绪晴雨表”活动，学生匿名选择当日心情图标，生成班级情绪热力图。

心理教师与学科教师共建关心关爱学生名单，实现信息互通与预警。每月的“树洞日”活动，为学生提供了匿名倾诉的机会，学生将烦恼写在纸条上，投入实体信箱，由心理委员协助心理老师进行初步分类。学校与社区心理驿站合作，对高危学生实施“双师辅导”，对于情况严重的学生，鼓励其参加专业心理医师的治疗，全方位保障学生的心理健康。

3. 家校沟通：从“深度家访”到“多渠道沟通”

考虑到部分学生家长对实地家访的抵触情绪，学校积极推进多沟通渠道。通过学生填报的基础信息表，结合家长的校园数字化参与情况，如是否查看学校通知、在线作业反馈，学生出勤异常情况，家长参与学校讲座的积极性，以及家校沟通反馈等，综合判断学生的家庭教育状况和家校沟通是否顺畅。

学校根据不同维度信息排摸出特殊学生名单，对特殊学生重点关心关注。对于近期状态变化较大的学生，进行红色预警，教师密切跟进其在校表现。教师根据观察指标，主动与需要加强沟通的家长联系，开展家庭教育指导，促进家校合作。在小宋的案例中，学校通过多种场景化沟通方式，了解到其家庭冷暴力情况，进而采取相应措施改善家庭环境对学生的影响，体现了学校在家庭环境排摸方面的创新实践。

（二）四步闭环管理流程

1. 日常信号收集

日常信号收集工作由班主任牵头，学科教师和学生干部协助，运用行为观察清单、课堂表现记录表等工具，结合学校日常管理、教育教学中的学业、资助、考勤、活动等场景，全面收集学生信息。

2. 快速协同研判

每月的年级例会和班级通气会，是信息交流的重要平台。各班班主任汇报学生的异常情况，学校根据既定标准，将学生情况分为红色（立即干预）、黄色（持续跟踪）、绿色（归档）三类。一旦出现红色预警，学校在 24 小时内启动干预措施；对于黄色关注的学生，班主任每月回访，持续关注其动态。

3. 即时反馈干预

针对不同类型的问题，学校实施相应的即时反馈干预。对于经济困难学生，提供资助、临时补贴或减免餐费；对于心理问题学生，心理中心开放 24 小时咨询热线，学校心理老师接受预约或直接沟通；学校推行任课教师联系家长制，即时反馈学生在校情况。

四步闭环管理流程

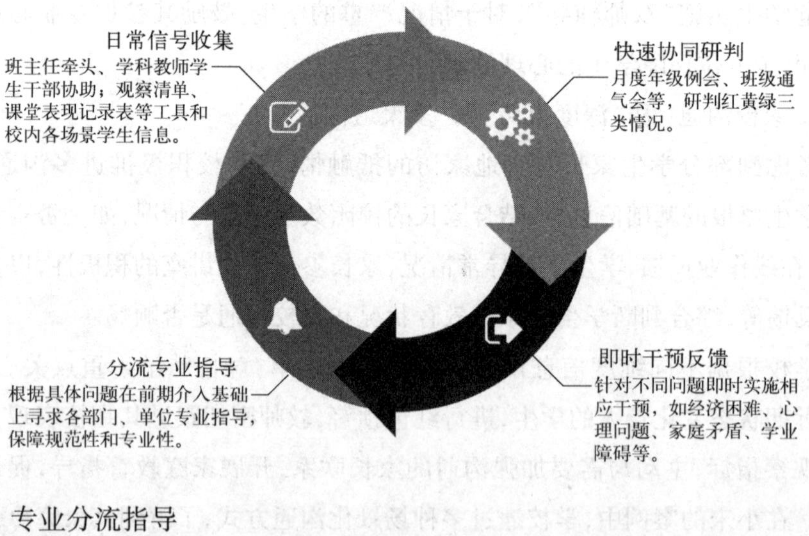

4. 专业分流指导

根据排摸出问题的具体类别，在前期积极介入开展工作的基础上，后续根据实际需求启动协同育人机制，寻求专业指导，如公安、司法、医疗、心理等相关专业部门和单位的支持，如开展三所联动、医教结合等项目，保障了规范性和专业性。对于学生不同学业发展需求，学校对夯基、培优、英才等不同类别学生因材施教，帮助学生提升学业成绩；每周固定时间推送家长学校专家讲座，给予家长专业指导。

三、“多棱镜排摸法”实践总结

学校在“多棱镜排摸法”的具体实践应用中，取得了一定经验，健全评估机制。该排摸法打破了传统评估评价对专业工具的依赖，将育人责任融入日常教学与管理的各个环节。通过多维度的观察与实践，逐步完善了学生的镜面画像以及后续的协同运作，实现了对学生全方位、多角度的观察与了解，有效平衡了资源有限性与干预精准性之间的矛盾。学校将持续优化教师排摸能力培训，提升教师在日常教学中敏锐捕捉学生问题的能力；完善社区数据共享规范，进一步加强校社合作的深度与广度；强化新生入学以及班主任新接班的排摸要求，使之双轨并行。

展望未来，场景赋能下的“多棱镜排摸法”将在现有基础上进一步完善，以期通过更多的棱架构的镜面来进行更全面更细致的评估，在“鉴”人的过程中逐步使学生学会自“鉴”，最终指向学生自主、自助成长，校家社协同育人体现实效。

（上海市卢湾高级中学　吴胜荣）

案例 5

涓涓如细流　循循润心田

——以“涓涓细流法”助推协同育人评估机制构建的实践探索

“全员导师制”工作的深入推进，构建了协同育人的新格局。在当今的数字化时代，学校教育运用信息化手段对学生进行评估，能够迅速地收集和分析数据，具有高效、便捷的特点。然而，传统的面对面交流式评估仍然在学校教育中具有不可替代的重要性。它通过观察学生的表情、肢体语言、眼神等非言语信息，能够更细致、全面地了解学生的情绪状态和内心想法，从而直接观察家庭环境，了解家庭氛围、亲子关系、家庭教育方式等，深度理解学生特殊事件或情绪发生的背景，为学生和家长提供情感支持，从而营造一个更加真实、亲密的环境，让学生和家长感受到关心和尊重，建立信任关系。因此，传统的面对面评估方法具有个性化、灵活性和润泽性的特点。通过家访、谈心谈话、书面反馈等方式，充分发挥导师作为学生的良师益友、家校沟通的协调者和家庭教育的指导者的重要作用，推动学校与家庭、社会相协同，努力为学生构建健康的教育环境和生态。

上海市零陵中学充分发挥学校在校家社协同育人中的主导作用，全面落实全员导师制，通过导师的评估，缓解学生过度的学业压力、情感压力和家长的教育焦虑，努力打造校家社协同育人机制的共同体发展模式，形成齐抓共管、多方协同的育人格局。L 同学的个人案例生动展现了全员导师制背景下“涓涓细流法”在校家社协同育人评估机制中发挥的作用。

一、高中学生特点与家庭教育突出问题

高中生自我意识变得愈加强烈，他们更倾向于按照自己的想法去支配自己的言行，自尊心强烈，希望得到他人的尊重和理解。他们的情绪呈现出内隐特点，虽然他们的内心情感世界很活跃，但是具有一定的掩饰性。他们希望与家长

以平等的方式交流和探讨问题。而部分家长可能习惯于以传统的教育方式和观念来要求孩子，习惯于以权威身份对孩子进行教育和管理，这种不平等的关系可能导致孩子对家长的抵触，使得双方在沟通时出现障碍，甚至引发误解和冲突。导师作为学生良师益友和家庭教育的指导者，与学生和家长的交流评估能给予情感支持，发挥学校在校家社协同育人评估机制中的积极作用。

二、"涓涓细流法"在校家社协同育人评估机制中的运用

学校作为上海市家庭教育工作示范校，上海市家庭教育指导实验基地，深入推进全员导师制，注重构建信任关系，优化家校合作，精准识别信息，形成教育合力，全面提高导师的育人意识和能力，持续优化师生关系、亲子关系和同伴关系，提高协同育人的科学性、针对性和有效性。

（一）多种渠道，综合评估

基于以往家校沟通以及青春期孩子在师生沟通中出现的问题，学校逐步确立了以导师为核心的评估主体。学校制定了《上海市零陵中学导师工作手册》，通过"导师好朋友""导师见面会"等方式，与学生一对一沟通，了解其学习、家庭和情绪状况。学校制定《上海市零陵中学全员导师制工作方案》，导师通过家访、家长会等，鼓励家长积极参与评估，帮助学校更全面地了解评估学生。导师引导学生进行自我评估，通过心情日记、学习日记、"我想对导师说"等交流沟通方式，培养自我反思和问题分析能力。导师整合多渠道的学生信息，通过系统化、多维度的评估模型，更加能够综合客观评估学生情况。

导师多维度评估模型

评估维度	评估来源	评估方式
全方位	导师	导师见面会、谈心谈话
行为表现、班级适应性	班主任	行为记录卡、班级日志
学业表现	学科教师	作业质量、考试评价
心理状态	心理教师（特殊需求）	心理专业工具，如：SCL-90、沙盘投射分析、观察法

续 表

评估维度	评估来源	评估方式
亲子关系、家庭支持	家长	家访、电话、视频或面对面交流
自我认识	学生	学习日记、情绪日记

（二）汇涓成流，深化评估

导师综合信息，做出判断，围绕生存保障、生命安全、生涯发展三方面学生需要的问题，适配学生健康发展的资源。导师通过区域资源，如徐汇区检察院、枫林街道、“徐家汇—枫林”学区等资源开展评估。导师通过社会资源，如钟书阁、大众书局，化学有机研究所、博物馆等合作，通过这些场所的专业人员对学生的科学人文素养进行评估。其中，导师还可以通过专业的教育评估机构、心理咨询机构等合作资源，如学校作为国家级青春健康俱乐部依托上海市精神卫生中心、徐汇区计生委等对心理特殊学生进行评估。导师借助资源，汇涓成流，深化评估，形成校家社协同育人评估机制合力。

（三）精准研训，优化评估

学校将全员导师制的培训纳入师资培训内容，借助校本培训、专题研讨、专家讲座、实践观摩、课题研究等多种方式，全面提升导师的专业能力，进一步优化评估。学校牵头，聘请专家，围绕全员导师制主题开展共育学习与研究，如“学生心理危机的预防及处理”“家庭共育亲师沟通的方法与技巧”等专家讲座，不断提高导师的理论学习水平。开展以“全员导师制背景下的家校沟通智慧”为主题的案例研讨，寻找适合学校实际情况的评估措施及实施路径。学校以问题为导向，以课题为引领，通过“基于全员导师制的青春期教育行动研究”“基于全员导师制的家校共建行动研究”等市区级课题，解决校家社协同育人中的重点和难点问题，加强导师的实践研究能力。

全员导师制培训体系框架

培训模块	培训内容	培训方式
全员导师制理念与导师角色定位	全员导师制的教育哲学理论、导师的多元角色、教育伦理与法律边界	专家讲座、教育纪录片观摩、案例分享、角色冲突情景模拟

续 表

培训模块	培训内容	培训方式
学生发展评估技能	学生成长档案解读、多源数据交叉分析(学业/行为/心理等)、预警信号识别标准与流程	专家讲座、使用 BI 工具生成学生发展雷达图实训
心理危机干预能力	常见心理问题识别、危机干预黄金 24 小时流程、转介机制与资源网络构建	专家培训、案例解读
生涯规划指导方法	学科能力与生涯规划、高考政策下的选科策略	职业体验基地观摩、使用 VR 职业探索系统
家校协同策略	家庭教育风格诊断、家校沟通冲突化解技术、家长学校三类课程设计	专题研讨、专家讲座、课题研究

三、"涓涓细流法"在 L 同学案例中的具体实践

L 同学是一个文静、内向的高中生。她来自单亲家庭,父母在她小学五年级时分开。她和妈妈一起生活,妈妈担任公司的管理人员,工作非常繁忙,还要兼顾家庭。高三一开学,L 同学开始出现上课注意力不集中,经常打瞌睡,惰性思想严重,各科作业上交不及时甚至不交等情况,班主任和学科教师纷纷向 L 同学的导师张老师反映她对学习渐渐地失去了兴趣和信心。"为什么一向乖巧的 L 同学会如此反常?""这段时间家里发生了什么变化吗?"

(一) 破冰行动——初步进行排摸

为了能使每个教师都能胜任导师的角色,学校设计了"小贴士"谈话模板,当然导师也可在模板基础上发挥,目的能够初步排摸出学生的需求。"小贴士"包含 5 个核心模块:"你是一个怎样的人"、探索学习状态、发现兴趣与目标、关注心理与支持、家庭基本情况。

张老师回忆起了与 L 同学初次见面时的场景。张老师与 L 同学初次见面,安排在"导师见面会"这样一个轻松的环境下进行。在见面会上,张老师与自己结对的所有学生通过团体游戏进行破冰行动,在轻松愉悦的环境下使学生感觉不会过于正式和拘束,容易敞开心扉。张老师初步了解 L 同学的兴趣爱好、在校

表现、同伴关系、家庭情况以及对导师的期待，记录了L同学喜欢的书籍、最喜欢的科目、家庭成员、生涯发展等情况。L同学是个哈迷，她喜欢哈利的勇敢、赫敏的聪慧、罗恩的忠诚、斯内普教授的专情，想成为像J. K. 罗琳那样的文学作家。通过破冰行动，张老师对L同学有了初印象，掌握初步排摸的基本信息。

（二）多方联动——信息途径多元

在初步排摸信息的基础上，导师针对需求进一步进行排摸。导师与班主任沟通，主要聚焦学生整体行为表现与班级适应性问题，如班级归属感、同伴关系、行规表现等排摸。与学科教师沟通，主要聚焦收集学科学习表现数据，如作业质量、课堂参与度、课堂纪律等排摸。张老师接到班主任和任课老师的反馈后，与班主任进行了深入沟通。了解到特别是升入高三后，L同学与高二时前后判若两人，变得学习懒散，没有目标与动力。

张老师回想起第一次家访时的情景。在第一次家访时，张老师与L同学妈妈进行面对面的交流。在沟通中，妈妈告诉张老师，高中三年她给孩子设定的学习目标，平时给孩子安排了哪些课外补习、每天的学习时长，补习占据了孩子很多课余时间。张老师在交流中发现，这种密集的补习方式使得孩子逐渐失去了学习的内驱力。在接到班主任、任课老师反馈后，张老师又一次与L同学妈妈进行交流。在交流中，妈妈告诉张老师，在高二暑假她给L同学安排了很多学科补习，因为妈妈觉得孩子马上要高三了，时间宝贵，必须把所有时间留给学习。整个暑假妈妈取消了原本安排好的旅行计划，取消了L同学的娱乐活动，也不允许L同学看课外书，觉得这些都是在浪费时间。

张老师与妈妈交流后，又一次与L同学进行了面对面沟通。L同学向张老师倾诉，整个暑假生活完全被学习所占据，没有自由，生活仿佛没有了阳光和前进的方向，一下子变得迷茫无助，做任何事都打不起精神。

张老师根据多方获取的信息，初步评估L同学转变的时间点在高二暑假，原因在于妈妈一切的安排完全没有征求L同学的意愿。妈妈以权威身份，根据传统教育观念“剥夺”了孩子的课余时间和自由，以一切为了高考为理由使L同学变为学习的“机器”，逐渐失去对学习的热情与积极性，磨灭了孩子的兴趣爱好，影响了母女间的亲子关系。这些评估信息为后续的持续评估打下了基础。

（三）持续关注——更新评估状态

张老师每两周与L同学进行一次定期谈心，了解她的学习和情绪变化，鼓励她通过写情绪日记，记录自己当天的情绪变化和引发情绪的事件。使用一些简单易懂的情绪量表，让L同学定期对自己的情绪状态进行量化评估。采用1—5级的量表，1表示非常不开心，5表示非常开心，让学生每周对自己整体的情绪状态打分。张老师通过情绪日记和情绪自评，从中分析、评估L同学情绪波动的规律和原因，为情绪疏导提供依据。在持续评估中，张老师在了解孩子的想法后，给予人文关怀，适时地帮助L同学疏解压力，适当地引导孩子理解自己的妈妈。

在L同学情绪低落时，张老师每两周与L同学妈妈进行一次沟通，了解孩子在家的情况和亲子关系。张老师根据妈妈每天和L同学的交流时间、交流话题，以及在交流中是否出现了不愉快等情况，评估亲子沟通的质量，指导家长更好地提高沟通质量。

通过持续关注，张老师定期对信息进行分析，阶段性地呈现L同学的评估结果。例如，分析L同学的情绪变化趋势、亲子关系改善情况等。根据评估结果，及时调整干预措施。当然，评估结果的呈现不是一次性的，根据信息的动态变化进行持续更新。

（四）分类归纳——建立评估档案

学校制定了学生评估档案模板，档案等级分为基础档案和特殊档案。评估档案按照学生个体进行分类归纳，主要类别为：学业认知、行为规范、身体健康、心理健康、家庭情况、亲子关系方面。

学生评估档案

<table>
<tr><th colspan="5">一、学生基本信息</th></tr>
<tr><th>姓名</th><th>性　别</th><th>建档日期</th><th>基本情况</th><th>档案等级</th></tr>
<tr><td rowspan="2"></td><td rowspan="2"></td><td rowspan="2"></td><td rowspan="2"></td><td>□基础档案</td></tr>
<tr><td>□特殊档案（需标注评估类别：______）</td></tr>
</table>

续　表

二、评估体系(每项按 1—5 级评分)				
评估类别	评估内容	评分	典型表现记录	评估日期
学业认知	学习态度、方法、潜力			
行为规范	纪律、集体意识、责任感			
身体健康	体质状况、生活习惯			
心理健康	情绪状态、抗压能力、人际关系			
家庭情况	家庭状况、家庭教育氛围			
亲子关系	沟通频率、亲子互动质量			
三、个性化备注				
1. 突出优势：				
2. 待改进方向：				
3. 导师建议：				

评估人＿＿＿＿＿＿

表格填写说明：

1. 档案等级：

基础档案：常规评估，每个月更新一次。

特殊档案：针对需重点关注学生，持续评估，动态更新信息。

2. 评分参考：

5 分(优秀)；4 分(良好)；3 分(达标)；2 分(多关注)；1 分(需干预)

根据前期排摸以及阶段性的评估结果，张老师建立了 L 同学评估档案，根据学生表现进行逐一记录、分析评估。根据对 L 同学的综合评估，张老师把其归纳为“学业认知”和“亲子关系”两个类别。后续将根据 L 同学的评估档案，给予有针对性的支持机制。如果在评估中，评估出学生在心理健康类别较特殊，这就需要依托社会资源，借助专业机构进一步评估。

（五）优化调整——化解成长难题

“涓涓细流法”不断优化评估的内容，除常规的学业、行为、心理等维度外，针对关键时间节点（如考试前后、假期前后、亲子关系紧张期等）增加评估频率，聚焦学生的情绪波动、家庭互动变化等潜在问题，使评估更具时效性和针对性。不断优化评估方式，除了面谈，采用多样化的浸润式互动方式，在假期中通过微信、网上平台等形式与学生进行日常交流，在“City walk”漫步闲聊中捕捉其情绪变化的细节，利用共进午餐等非正式场合自然轻松地了解其生活态度。导师对基础档案学生保持“细水长流”的常规评估，而对特殊档案学生启动“脉冲式”高频跟踪，实现评估的科学性与人文性的平衡，化解成长难题。本案例中，通过“涓涓细流法”，张老师不断优化调整，激发了L同学学习的积极性和主动性，她又回到原先那个学习上进、乖巧懂事的女孩，坚定了自己的生涯发展规划。

在校家社协同育人评估机制中，以导师为主体的“涓涓细流法”作为一种质性评估方法，如同浸润心灵的涓涓细流，通过面对面交流，在自然情境中评估学生行为背后的情感逻辑和成长叙事，擅长捕捉那些难以量化的关键细节——一个眼神流露的自信、家庭互动中微妙的语气变化、非正式交谈时突然敞开心扉的瞬间，并将之作为导师理解、走进学生内心世界最珍贵的线索，真正使得评估过程有据可依、有效可验，更使评估立体生动而富有温度，涓涓如细流，循循润心田。

（上海市零陵中学　何佳萍）

案例 6

“心”声绘“色”，守护绿洲

——以“五色评估法”优化校家社协同育人评估机制的实践探索

一、案例背景

随着经济社会快速发展，学生成长环境不断变化，学生心理健康问题更加凸显。为全面加强和改进新时代学生心理健康工作，提升学生心理健康素养，教育部等十七部门特制定《全面加强和改进新时代学生心理健康工作专项行动计划（2023—2025年）》（以下简称《计划》）。《计划》中倡议中小学积极开展心理健康监测工作。坚持以预防为主，利用好开学时期等重要节点开展学生心理健康测评，科学规范运用测评结果，建立“一生一策”心理健康档案。

学校运用五色评估法开展心理健康评估，了解学生的心理特征、情绪状态、人格特点，有助于发现学生的心理问题，及时触发“五早”预警机制，即“早发现、早研判、早预防、早报告、早控制”，为建立“一生一策”心理档案提供基础数据，为后续心理健康辅导及危机干预工作提供依据。

在开展心理健康评估工作中，不仅要探寻学生个体因素，也从学校、家庭、社会三方面角度切入，对如何识别与应对中小学学生心理问题具有重要的意义。因此，在校家社支持机制背景下，探讨中小学心理健康评估工作，能更好地帮助学生心理问题的识别，提升学生心理适应能力，增强健康素养。

二、问题描述

在2024年中国科学院心理研究所发表的《青少年心理健康问题的影响因素与应对》一文中揭示出：心理健康问题是一个连续体，根据严重程度不同可以细化为心理困惑、心理行为问题和精神障碍。[①]

---

① 陈雪峰，《青少年心理健康问题的影响因素与应对》，《人民论坛》2024年第16期

（一）心理困惑

心理困惑是偶然发生或短暂出现的心理健康问题，可以通过自身认知调节、情绪宣泄、行为模式调整等有所改善，也可以通过心理倾诉、亲密关系的支持等得到缓解，有些心理困惑也可以随着时间的流逝、学生的成长自然解决。

（二）心理行为问题

心理行为问题比心理困惑严重，持续时间更长。出于各种原因，学生经常感到焦虑、过度紧张，总是担心坏事发生；或者感到抑郁、长期郁郁寡欢，兴趣低下，莫名哭泣；又如情绪两极化，过于麻木淡漠，或过于烦躁冲动等。行为上，比如冲动易怒、做事不考虑后果；举动刻板，具有强迫的倾向；逆反心理严重，出现对抗违立行为等。学生需要通过专业的心理干预来解决问题。

（三）精神障碍

精神障碍是最为严重的青少年心理问题。精神障碍一般表现为认知、情绪或行为方面出现临床意义上的功能紊乱，社会功能受到严重影响，需要及时的医院诊断与治疗。通过适切的药物治疗，配合心理治疗、关系支持、自我调节等多种干预措施，方能产生干预效果。

三、"五色评估法"的实践途径与应用

（一）"五色评估法"分级标准

为综合学生心理状态的各方面数据与信息，参照风险预警的通用标识，学校心理咨询室创设"五色评估法"。依据学生心理问题的发展态势、严重程度和危机程度分别用五种颜色来进行标识。具体分级标准可见下表：

延安初级中学五色评估法分级标准表

评估分级	风险程度	状态描述	协同机制	处置部门
红色	超高风险 24小时监护	学生具有严重心理疾病或行为异常，处于高度危险状态，随时可能自伤、自杀或伤害他人。需立即就医及确保安全。	校家社协同干预	学校危机干预小组（校领导、中层干部、心理辅导教师、年级组、班主任） 学生家庭 医疗机构 社区居委

续 表

评估分级	风险程度	状 态 描 述	协同机制	处 置 部 门
橙色	高风险 密切关注	学生具有明显心理问题，具有高风险，可能存在自伤或自杀的念头，但暂无具体计划。需就医诊断及密集心理支持。	校家社协同干预	学校心理辅导教师 班主任及导师 学生家庭 医疗机构 社区居委
黄色	潜在风险 持续关注	学生存在一般心理问题，适应学校生活中或交往中略有受挫，需常规心理支持。	家校协同干预	学校心理辅导教师 班主任及导师 学生家庭
蓝色	较低风险 持续关注	学生存在轻微的情绪波动和心理压力，整体功能正常。需预防性心理支持。	家校协同干预	班主任及导师 学生家庭
绿色	健康状态	学生心理健康状况良好，情绪稳定，能适应学校生活，具有良好的人际关系。	无须干预	班主任及导师关心

在校家社协同机制中运用"五色评估法"，是一种直观且易于理解操作的方法。通过综合评估后进行色彩分级，能够快速传达心理问题的严重程度，便于教师、家长识别和应对，对及时开展心理干预提供了重要的支持。

（二）"五色评估法"的实施途径

1. 四方联动，信息收集

"四方联动"是指通过学生本人、班主任或导师或任课教师、心理辅导教师和学生家长，经由四方联动机制，完成学生心理健康评估数据与信息的收集工作。相较仅仅依据学校评估进行分级，"四方联动"机制下的学校与学生家庭合作，势必能为全面评估提供更多细节。

（1）学生自陈，参与心理健康量表测评

学生参与心理健康自陈量表测评。自 2018 学年起，心理辅导室使用问卷星平台发布新生心理健康素质量表。在新六年级入学时，所有新生需登录平台，完成心理调查问卷，作为初始心理档案留档。日常教学中，学生通过自我报告的形式，与心理教师交流，教师根据心境问卷等评测方式，综合分析后，进行“红橙黄蓝绿”五色评级留档。

（2）导师观察，反馈学生在校状况

学校设计有“一班一表”，即《学生心理状况反馈表》，由各班班主任、导师及任课老师共同反馈班内需要关注的特殊学生，制定应对策略，每学期定期汇总留档，动态更新与跟踪关注。在填写《学生心理状况反馈表》前期，指导班主任和导师从以下四个方面对学生进行状态观察。

从认知方面：关注学生是否存在注意力明显不集中，或者注意力下降明显，丧失对学习的信心，逐渐产生厌学情绪，自述或写作中流露出对未来失去希望。

从情绪方面：学生长期处于情绪低落、紧张焦虑的状态，表现出害怕无助，对他人言行过分敏感，面对正常的学习任务逃避退缩，或者经常性烦躁不安，情绪失控等。

从行为方面：学生与同伴关系较差，或出现疏远老师同学的情况。行为举止较以往有所变化，变得孤僻，有自伤行为，有自杀意念。

从生理方面：观察到学生长期神情疲惫、面露憔悴，或表情呆板木讷，眼神游离，神色麻木等，这些情况都需引起关注，记录在状态观察表中。

（3）心理辅导，咨询访谈评估

心理教师开展心理咨询个别辅导，在面询学生时，做好辅导记录，记录来访学生的班级、主要自诉问题、躯体化症状等内容。在个别辅导上尝试各类和来访学生的交流方法，对于不擅表达学生，用沙盘游戏、绘画等形式鼓励他说出自己的心里话。对于情绪问题的学生，分析情绪问题产生的规律、频次，追溯第一次产生情绪问题的源头，对学生的心理问题严重程度进行评判。

心理教师依据专业素养进行学生心理问题综合评估，提供即时建议。对于问题较难解决的及需要医学介入的学生，还需积极联系家长，共同商议转介去向。

（4）约谈家长，多角度协同评估

以学校为主导，校教育处、心理室、年级组、班主任等各层面均与家长保持积极联系和沟通。通过与学生家庭共同合作的角度，做好学生心理健康的全面评估工作。为评估学生心理状态，依据学校的实践经验，约谈家长的议题主要可以围绕以下方面：

日常作息方面：从学生的日常安排了解其作息是否规律，平日睡眠的情况，是否存在失眠等睡眠障碍，周末的具体时间安排等，还需了解学生饮食是否规律，饮食习惯是否有变化等。

学习习惯与态度方面：了解学生在家的学习习惯，是否能够在家自主完成学习任务，是否存在拖延、敷衍或者不能完成作业的情况等。了解学生对学校学习的态度，是否向家长表露过害怕上学、不敢参加考试、不敢进教室等厌学情绪。

亲子沟通方式方面：了解学生与家长的日常交流方式，平日里是否与家长常沟通，是否在遇到困难时会求助家长等；了解父母对学生的教育方式、教育理念，对孩子日常规则的指定与把握，父母双方教育立场是否一致等。

生活应激事件方面：与家长求证了解学生最近生活中是否出现一些应激事件，包括家中变故、搬家、父母遇到裁员或生病等情况。

2. 五级五色，分级评定

基于学生各方面信息收集的结果，将学生心理健康状况依照三层五级进行评定。"五色评估法"实施路径如下图所示。

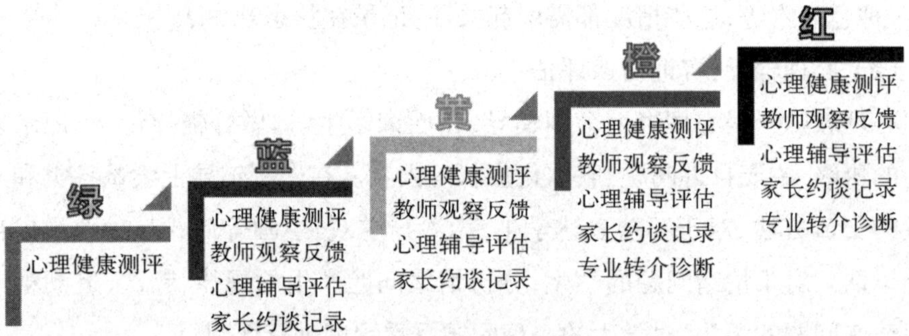

延安初级中学五色评估法实施路径

绿色等级评定：

通过心理健康测评结果，可以评定绿色级别学生，指心理健康水平良好，暂时无须干预。

蓝色与黄色等级评定：

结合教师观察记录的反馈、心理教师咨询辅导的评估以及家长约谈的谈话记录等,可以评定蓝色级别、黄色级别学生。蓝色级别学生需参与心理健康教育活动,学习相关心理健康常识,提供预防性干预支持。黄色级别学生需参与心理个别辅导,家长参与家庭教育指导,为学生提供常规性心理支持。

橙色与红色等级评定:

基于蓝色与黄色等级评定基础上,如果学生的问题进一步发展,或者当学生的问题复杂性超出学校教师的能力范围,需依据标准转介程序进行及时转介。

一般学校的转介方向为市区级的精神卫生中心,或者全市三甲医院的心理门诊等,便于为学生提供更专业的评估诊断。具体转介流程如下:

(1) 与学生及家长沟通,心理教师向学生及家长说明转介原因,确保理解并同意转介。

(2) 选择合适的转介对象,心理教师根据学生及其家庭的情况,选择合适的转介对象,如精神科或心理科医生、校外心理咨询师等。转介对象应具备相应的专业资质和经验,能够为学生提供有效的帮助。

(3) 提供转介信息,教师可向家长提供转介对象的详细信息,包括联系方式、地址、预约方式等,并协助家长进行预约。

(4) 持续跟进与反馈,完成转介流程后,心理教师需适当跟进学生的情况,了解其评估进展,并根据需要提供必要的支持和帮助。

高效的分级评估法为学校提供了科学的信息支持,帮助学校制定更合理的心理健康教育活动和心理健康辅导计划。同时,更有助于及时发现高风险学生,采取预防措施,减少校园危机事件的发生。

3. 持续跟进,动态更新

学生心理状态是动态变化的,容易受到自身成长与外部环境等各类因素的影响,单次评估无法全面反映其心理发展轨迹。因此,中小学学生心理健康评估需要持续跟进和动态更新,调整评级水平,及时发现问题,跟进干预策略,方能确保心理健康教育的实效性。通过定期评估与阶段性评估相结合,做好分级评估动态更新。

(1) 定期评估

针对全体学生:依据学生的学段特点和心理发展规律,每学期开展一次全样本全覆盖排摸。

针对蓝黄分级学生：每月通过“四方联动”机制，开展一次全面评估，根据结果动态调整分级水平。

针对橙色分级学生：每两周开展一次全面评估，动态调整分级水平。

针对红色分级学生：每周开展一次全面评估，动态调整分级水平。

（2）定点评估

关键节点：把握新生入校的节点，开展新生心理评估，可以为学生日后成长与发展提供底数依据。把握学生心理发展的关键节点，例如进入青春期或升入九年级后，可针对性地开展重点评估。

特殊时期：在经历突发事件，例如公共卫生事件后，可增加评估频率，及时跟进评估。在学生经历应激事件后，也需及时跟进、及时评估，做好五色分级。

【案例】负重前行的“二次元”少女

初评定级：蓝色

学生 H 进入学校以来始终品学兼优，担任班级干部及课代表职务。自进入初二年级后出现异常表现。学生在简明心境量表筛查中测出异常值，被评定为蓝色分级。评级反馈后，教师主动询问学生，学生自述有学习压力，遇到测验、练习等感到非常紧张。班主任根据每天在校观察，记录其旷课、缺考、上课睡觉等信息，并及时上报心理辅导室。

复评定级：黄色

心理教师参与辅导谈话后，初步判断其个性为自尊高、自我定位高，因中考临近产生高压力所致情绪问题，认为该学生可能有抑郁倾向，还需进一步进行校家社协同评估。

心理教师与班主任老师将这些详细记录汇总反馈后，及时联系告知家长。家长表示对学生在校表现出的情况感到吃惊，因为学生未曾在家中有任何反常现象。该学生自小是乖乖女，学习任务从不用家长操心。平时回家后就一个人待在房间里，家长都以为孩子在认真完成作业，双方也缺少沟通交流。但家长对学生的学习结果要求较高，尤其关注该学生的考试成绩，与孩子交流最多的就是学习表现。家长意识到无形中给孩子传递了很大的压力，并表示会持续关注和观察学生的心理状况。

综合定级：橙色

在与家长约谈后一个月时间内，该生请假次数明显增多，自述躯体化症状比如失眠、厌食等愈加严重，班主任教师、心理教师立即开展第二次家长约谈。此时，家长也表示孩子在家中与父母矛盾加剧，时常大吵一架或者动不动发脾气等。学校建议要立即转介至市区级精神卫生中心或心理门诊，进一步对其进行诊断。

家长终于决定带学生前往市精神卫生中心进行诊断，诊断结论为重度抑郁情绪，并遵从医嘱进行药物治疗。学校心理辅导室综合定级该生为橙色分级，同时安排了心理教师的密集支持，每周与学生谈心疏导。学生所属社区的社工老师也登门关心，与学生建立了直接联系。社区老师对家长的家庭教育也做出了一定的指导，给予心理上的支持。

复学后评级：蓝色

可喜的是，经历了一段时间的休学调整后，该生顺利地复学，回到了校园。复学后虽然进入初三年级，但学生适应良好。根据班主任观察，学生的躯体症状和情绪问题等均有大幅缓解，心理教师与学生个别咨询、家长约谈后，综合评级为蓝色，并持续为学生提供预防性干预支持。

基于校家社协同机制开展的心理健康评估法，能够为学校提供更全面的学生心理健康信息的收集，促进了家校之间的深度沟通，协调引导了社会机构的更广泛参与，有助于形成教育合力，促使学生个性化教育成为可能，全面保障学生的身心健康发展。

（上海市延安初级中学　陆佳颖）

支持机制：建强校家社协同育人的中枢

上海师范大学附属宝山罗店中学　强　薇

在教育高质量发展和“双减”政策持续推进的背景下，单一的学校教育已经难以满足学生多样化的成长需求。如何促进校家社的有效协同，成为新时代教育改革的重要议题。基于此，构建以学生全面健康成长为核心的校家社协同育人支持机制，显得尤为重要。支持机制的构建和运作，基于对学生开展全面深入的评估所得的数据信息，并依托政策法规与社会资源单位提供的多元保障，也就是在评估机制发现问题的基础上，推动支持机制精准施策，为保障机制提供必要支撑，三者协同联动，并通过持续沟通与反馈不断优化育人体系。这一协同过程不仅有助于实现“以学生为中心”的教育目标，也为校家社三方建立长期、稳定的合作关系奠定了坚实基础。

一　构建校家社协同育人支持机制的价值意蕴

校家社协同育人支持机制，是指在学校统筹主导下，以家庭积极参与、社会有力赋能为支撑，通过在校园内整合各类教育资源，组织实施不同类别的育人活动，为学生在生命关怀、生活保障与生涯发展等领域提供系统化、可持续的支持，从而实现学生全面健康发展的综合育人机制。这一机制的价值意蕴体现在以下两个方面：

（一）通过支持内容的精准施策，有效回应学生成长需求

校家社协同育人支持机制的核心价值之一，在于通过精准施策，切实回应学生在成长过程中的多元需求。

1. 生命关怀方面

建立涵盖心理筛查、危机干预与安全教育的综合干预体系，确保学生在面对压力与突发事件时能获得及时守护。

2. 生活保障方面

聚焦经济困难、监护缺失、家庭支持薄弱等特殊群体，推动物质帮扶、情感陪伴、生活技能训练等多重干预联动，保障其基本稳定与健康成长。

3. 生涯发展方面

统筹“学涯”与“职涯”教育，通过能力提升、兴趣激发与实践体验相结合，为学生提供清晰的发展路径与适应支持。

通过这一机制的高效运行，学校能够从评估入手、因需施策，实现对学生成长关键点的有效回应与持续支撑。

（二）通过支持机制的统筹运行，推动学校办学特色协同育人的有效实现

支持机制不仅是资源调度的平台，更是学校凝聚育人方向、形成特色育人合力的重要载体。当前，越来越多的学校不再满足于零散的特色活动或短期项目探索，而是将已有的办学优势系统整合，探索可持续的协同支持路径。例如，美育特色学校设计“课程—活动—评价”一体化支持体系，将审美体验转化为心理调适、生涯启蒙与社会认知的实践平台；科技特色学校则聚焦于跨学科项目学习、科技节、创客实验等活动，强化学生的学涯规划与创新能力；劳动教育特色学校通过校本劳动课程、技能挑战赛、社区服务等模块，系统建构学生的生活自理、团队协作和初步职业体验能力。

在这一过程中，通过梳理育人目标、制定运行制度、设立常态机制，学校将特色资源融入支持体系之中，实现日常教学、综合实践、家庭协同与社会参与的深度联动，推动特色育人从“亮点工程”走向“长效机制”，在协同育人中形成学校独有的文化标识与育人生态。

二 构建校家社协同育人支持机制的基本原则

校家社协同育人支持机制的有效运作，必须依托科学的建设原则来引导。围绕“生命关怀、生活保障、生涯发展”三大支持内容，支持机制建设应坚持系统整合、精准施策、多样支持和长效发展四大基本原则，确保在多方参与中形成清晰分工，在持续互动中实现高效协同，为学生提供全方位的成长支持。

（一）系统整合

系统整合是机制高效运转的基础。支持机制通过打通路径、强化协同，建立“学校主导、家庭参与、社会赋能”的结构框架。

1. 多方资源统筹

整合学校的课程教学与人力资源、家庭的生活资源与情感支持、社会的实践平台与专业力量，覆盖学生生命关怀、生活保障、生涯发展三大领域。

2. 协同平台搭建

依托数字化支持平台、校家社联席会议等，构建稳定的信息传递与事务协作机制，实现学生数据动态更新与实时响应。

3. 工作流程标准化

支持机制的实施按照“整合资源—建设平台—分类实施—靶向培训—评估优化”的路径循序推进，确保资源使用与责任落实的有序衔接。

（二）精准施策

精准施策是机制回应学生多样化成长需求的关键。支持机制基于全面评估和成长画像，按需制定个性化的支持策略。

1. 生命关怀精准化

根据评估数据，分类实施情绪辅导、危机干预、安全提醒等服务，强化心理预警和校园安全建设。

2. 生活保障精细化

关注留守、单亲、经济困难等群体，提供心理陪护、物质帮扶、生活技能训练等针对性支持，帮助其建立稳定的生活秩序与自理能力。

3. 生涯发展个性化

将学涯发展与职业发展统筹纳入支持体系，根据学生的学业表现、学习兴趣、认知水平与未来规划，分阶段提供学习方法指导、学科选择建议、学业目标管理，同时提供职业启蒙、生涯咨询与社会实践机会，帮助学生建立完整的成长认知，增强未来适应能力。

（三）多样支持

多样支持是机制覆盖不同背景、不同需求学生的重要支撑。支持机制通过多维内容和多样方式，为学生提供更具体验感和获得感的服务。

1. 支持内容多元化

围绕三大领域，推动内容从“应急干预”走向“日常融入”，如举办心理剧展演、组织家庭阅读活动、开展生涯体验，让支持成为常态育人的一部分。

2. 技术手段智能化

借助大数据分析精准画像，依托 AI 辅助生成个性化学习与成长建议，引入 VR、AR 等技术，增强职业体验、社会场景模拟的沉浸感与真实性。

3. 活动设计多样化

依据学生学段和成长特点设计实践活动，如低年级聚焦生活能力培养，中学阶段强化合作与社交技能，高中阶段重视学涯规划与职业探索相结合的实践体验。

（四）长效发展

长效发展是机制在动态教育生态中保持活力与适应力的保障。通过动态调整、资源保障和应急预案，确保支持机制可持续发展。

1. 动态调整常态化

对支持机制进行定期评估，根据学生成长数据、实施效果、社会变化等因素不断调整和完善支持方案，使得支持内容可以适配诸多变化。

2. 资源投入制度化

建立资源保障制度，确保财政资金、社会力量、校内资源、家庭资源的协同投入。

3. 突发应对规范化

围绕心理危机、突发事件等场景设立应急预案，确保机制在疫情、灾害等特殊时期的稳定运行，保障学生的支持服务“不断线”。

三　构建校家社协同育人支持机制的实施路径

支持机制的有效实施，需以学生成长需求为导向，围绕生命关怀、生活保障和生涯发展三个关键领域，依托科学系统的推进路径，形成“整合资源—建设平台—分类实施—靶向培训—评估优化”的闭环机制，确保校家社协作的高效性、针对性与可持续性。

（一）整合资源，搭建支持网络

在校家社协同育人支持机制的推进过程中，资源整合是起点也是基础，决定了整个机制是否具备覆盖全面、反应及时、支撑有力的运行能力。

1. 校内资源的精细配置

学校统筹教师力量、课程设置、安全防护、心理服务、生涯指导等资源，精准对接学生需求。例如，完善校园安全机制，强化心理危机干预与日常情绪管理服务；调配教师队伍与专业人员力量，推动班主任、心理教师、生涯导师等角色之间的有效协作；建设生涯指导中心，推动学生在学涯与职业探索上的阶段性成长。

2. 家庭资源的参与融入

通过家校沟通平台、家长学校等形式，引导家长关注学生心理状态和生活行为习惯；鼓励家长参与职业分享、社会实践陪伴等过程，激活家庭在情感关怀、价值传递、行为引导中的能动作用，增强家校之间的共识与协作。

3. 社会资源的深度链接

与社区服务组织、企业单位、高等院校、专业心理机构等形成合作网络，提供心理干预、生活帮扶、职业体验、志愿服务等支持项目。人力也是重要的资源，需通过规范的协作协议、定期的培训机制和明晰的任务分工，确保社会人员与学校教育高度适配。

(二) 建设平台,扩容支持工具

在完成资源整合的基础上,平台建设是推动支持机制高效运作的关键支点。它不仅是资源融合的载体,更是校家社协同支持从“自发活动”走向“制度运行”的组织保障。

1. 完善顶层制度设计

学校应牵头建立“校家社协同支持机制运行工作组”,由校内管理人员、教师代表、心理教师、生涯导师、家长代表及社会机构人员组成,明确各方权责边界与协作方式。制定支持内容分类指引、干预流程规范、问题处理机制,为平台运作奠定制度基础。

2. 构建线上线下双平台

在线下,依托校内教研组、心理健康中心、学生发展中心等部门,搭建学业支持、心理支持、生涯发展等专项服务平台,统筹资源、按需匹配。在线上,建设“学生成长支持平台”,集学业成绩、心理动态、生涯兴趣、活动评价等多维数据于一体,实现动态更新、分类管理与智能分析,为精准施策提供技术支撑。

3. 推进平台高效运作

平台建设完成后,需同步建立运行机制:如每月召开一次支持协调会议,定期通报学生支持情况;对平台运行数据设立专人监控与报告;推动“校家社三方在线互动”常态化,确保信息即时互通。

(三) 分类实施,细化支持举措

在支持机制运作中,分类实施是精准响应学生多样化需求的关键路径。围绕生命关怀、生活保障与生涯发展三大领域,校家社需坚持“普遍干预—重点照顾—个别跟进”的思路,构建分层分类、梯度清晰的支持体系,让每一类学生都能获得精准的支持。

1. 生命关怀方面

学校以心理健康教育为核心,建立分级预警机制,强化日常情绪观察与心理筛查,及时识别学生的情绪风险点。对一般心理困扰的学生,开展主题团体辅导、心理沙龙等普及性活动;对持续性波动的学生,安排个别访谈、家庭联席;对于存在严重困扰的学生,则联动专业机构,实施深度干预。同时,结合安全教育课程和应急演练机制，加强学生对防溺水、防欺凌、防性侵等问题的认知与应对能力，确保身心双重安全。

2. 生活保障方面

学校通过常态化走访、教师观察与家校沟通，持续关注生活困难或家庭支持薄弱的学生群体，如经济条件有限、监护缺失、遭遇重大变故等情况。针对这些学生，学校联合班主任、心理教师、社区代表等组成支持小组，提供有针对性的帮扶与陪伴服务，确保他们在情感、行为和生活方面都能获得温暖而稳定的支持。与此同时，学校面向全体学生开设生活素养课程，培养时间管理、基本礼仪、饮食起居等日常技能，帮助学生提升生活自理与社会适应能力。

3. 生涯发展方面

将“学涯”与“职涯”统筹设计，构建横贯小学高年级至高中的支持路径。小学高年级至初中阶段聚焦职业启蒙，帮助学生认识职业多样性与社会角色；初高中阶段着力职业探索，通过项目学习、职业访谈、职业体验等方式深化认知；高中阶段聚焦生涯规划，引导学生在自我认知基础上完成选科指导、升学咨询和发展决策。整个生涯支持贯通课程引导、实践体验、导师指导与家校协同四个环节，帮助学生从“我想成为什么样的人”到“我该如何实现”的路径构建，增强学生的目标意识和行动能力。

（四）靶向培训，提升支持能力

在分类实施过程中，校家社各方在处理不同学生群体需求时，常会遇到专业认知不足、沟通方式单一、干预手段缺乏等实际问题。此阶段的“靶向培训”，即对照前期实施中的具体短板，进行有针对性的能力补强与方法指导，为支持机制的稳定推进持续夯实基础。

1. 聚焦教师队伍专项赋能

结合实际工作中面临的心理识别、生涯指导、家庭沟通等重点任务，面向班主任、心理教师、生涯导师等育人主体，组织专题培训、案例研讨和实务演练，强化一线教师在复杂学生情境中的专业判断力与应对能力。

2. 针对家长群体分类指导

依据学生年龄阶段与家庭支持特点，分类开展家庭教育指导，如青春期专题讲座、亲子关系修复小组、家庭行为引导工作坊等，帮助家长掌握沟通共情、行为引导等实用方法，增强其育人能力与协同意识。

3. 围绕社会资源精准匹配

针对企业、高校、公益组织等外部合作单位，明确其参与角色与服务边界，通过“教育协作伙伴”系列培训，确保其支持行为与学校教育目标高度一致，提升协同育人的专业匹配度。

（五）评估优化，强化支持效能

评估优化是推动支持机制提质增效的关键环节，既是对已有工作的系统检视，也是完善机制闭环、提升运作效能的必要路径。通过科学评估与动态反馈，能够发现问题、调整策略、优化协作，确保整个机制始终处于高效运行状态。

1. 构建多维度评估体系

围绕生命关怀、生活保障、生涯发展三大维度，定期开展问卷调查、访谈、行为观察与数据分析，形成学生成长画像，评估支持举措的落地情况与实际效果。

2. 动态反馈与策略调整

支持工作小组定期召开复盘会议，结合学生成长数据、教师观察、家长反馈等信息，分析支持实施过程中存在的问题与成效变化，及时对干预方式、资源投放、人员安排等内容进行微调，确保支持服务始终贴合学生实际需求。

3. 问题闭环与协作修正

针对机制运行中出现的短板，如家庭参与不充分、社会资源对接不足、支持内容断档等问题，应建立问题台账，提出整改建议，明确责任分工，并在后续执行中进行持续跟踪与反馈，真正实现闭环流程，推动三方协作机制日益成熟稳定。

四 校家社协同育人支持机制完善与优化的具体措施

（一）“灯塔引领法”在校家社协同育人支持机制中的应用

1. 内涵解读

“灯塔引领法”是一种以顶层设计为引领、以项目统筹为路径、以校家社协同为依托的实践推进方法。它强调学校围绕学生发展的核心需求，明确育人目

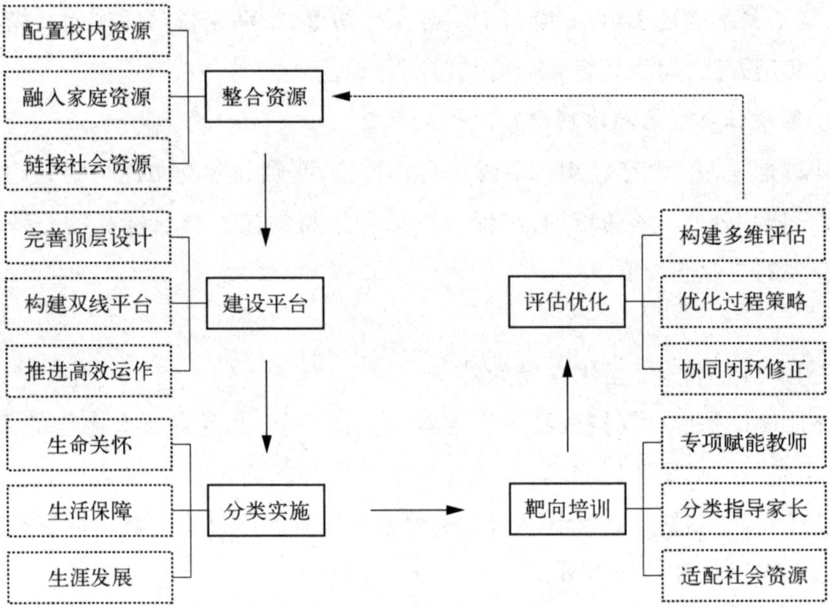

校家社协同育人支持路径图

标，规划阶段任务，形成系统化的支持蓝图。在操作层面，该方法不仅构建整体架构，更将支持机制具体落实到课程建设、活动设计与资源联动之中。

2. 具体措施

（1）目标引领与整体规划

学校围绕学生成长中某一重点领域（如劳动教育、美育、生态教育等），结合学校实际和学生特点，确定育人目标。以此为出发点，制定详细的年度或阶段性实施方案，把育人目标融入课程教学、活动设计、家校沟通与社会合作中，明确"教什么、怎么教、谁来教"，为后续操作定好方向。

（2）课程设计与活动开发

在明确目标的基础上，开发与之配套的校本课程和实践项目。例如，围绕劳动教育，设计包含家庭劳动、校园任务、社区实践等任务清单；围绕美育目标，开发艺术课程和项目式展演任务。课程内容注重任务驱动与真实情境，活动安排强调体验性、参与度，确保学生在实践中学习和成长。

（3）资源统筹与协同实施

根据课程和活动安排，整合校内教师资源、家长资源与社会资源，明确参与角色和具体任务。学校内部组建项目推进小组,协调教务、德育、心理等相关部门;家长可参与主题活动、亲子任务等;社会资源可为学生提供实践平台和专业指导。通过建立常态化沟通机制,保障三方信息畅通、任务推进有力。

（4）过程记录与持续调整

在项目推进过程中,注重过程性资料的收集与学生表现的跟踪,如活动纪实、成长档案、家长反馈等,为后续评估提供依据。定期召开项目复盘会议,听取师生、家长和社会参与者的反馈,根据实际成效优化项目内容和实施方式,提升支持的精准度和适配性。

详见实践案例7:“劳动之光照亮幸福成长路——以‘灯塔引领法’构建校家社协同育人支持机制的实践探索”。

（二）“共情共育法”在校家社协同育人支持机制中的运用

1. 内涵解读

“共情共育法”是一种基于真实育人情境,借助沉浸式互动体验,推动校家社三方在理解与信任中实现教育协同的方法。它源于学校在支持过程中发现:许多家庭教育问题的根源,并不在于家长缺乏意愿,而在于缺乏对学生真实处境的理解。因此,学校借助调研访谈、家长反馈和学生心声,梳理出具有普遍性和代表性的成长困境,并设计以共情为核心的体验路径,引导家长“走进孩子的世界”,从理解开始,走向协同。该方法不仅强调家长的角色转换和情感共鸣,更注重学生、教师和家长共同参与,形成多元视角下的教育对话与问题共解。

2. 具体措施

（1）共情·发现问题:学校通过问卷调查、个案访谈和教师观察,收集学生在学业压力、情绪管理、亲子冲突、网络依赖等方面的典型问题,并以这些真实案例为原型,设计可被共鸣的教育情境,激发参与者的情感投入,为后续共育奠定基础。

（2）共创·深入分析:由教师牵头,组建由学生、家长、教师三方组成的“创演小组”,围绕选定问题开展共创式剧本编写。在共同创作过程中,各方不仅分享自身经历,也不断碰撞观点、澄清误解,从而深入理解问题背后的原因。

（3）共演·角色体验:组织现场演绎活动,由教师、学生和家长分饰不同角色，模拟冲突发生、情感表达和沟通修复等过程。角色代入不仅加深了家长对孩子情绪状态和行为动机的理解，也增强了学生对家长期望与无力感的认知，实现双向理解。

(4) 共思 · 行动反思：演绎结束后，由主持教师组织参与者开展集体反思，围绕“你感受到了什么”“你下一步想怎么做”等问题，深入讨论改善路径。学校也可邀请心理专家进行点评与辅导，帮助家长将体验转化为教育行为改变，最终将情感共鸣转化为协同行动。

详见实践案例8：“心理剧‘共情’，校家社‘共育’——以‘共情共育法’优化校家社协同育人支持机制的实践探索”。

（三）“特色赋能法”在校家社协同育人支持机制中的实践

1. 内涵解读

“特色赋能法”是指学校立足自身办学特色（如美育、劳动、生态、科技等），精准对接学生成长需求，统筹校家社资源，为学生提供以课程融入、活动参与、实践体验、文化浸润、管理引导与协同联动为主要形式的多元支持。其核心在于将学校特色具体转化为可操作的育人路径，让学生在真实、生动的教育场景中获得深度体验与个性发展。

2. 具体措施

(1) 课程融入：依托国家课程结构，围绕必修、选择性必修与选修三类课程，推动特色内容融入课堂教学。必修课程中注重在语文、数学、历史等学科中融入学校特色元素（如美育、劳动、生态），实现学科育人与价值引导的融合；选择性必修课程开设主题拓展模块，引导学生深入探索特色领域；选修课程以跨学科项目、特色校本课程等形式，支持学生开展自主探究和个性化发展。

(2) 文化浸润：将学校特色理念融入校园文化建设，如通过空间布置、仪式设计、日常用语等，使学生在耳濡目染中形成认同；构建主题文化节日（如美育节、生态节、科创节等），让学生在参与中理解特色内涵，内化为价值追求。

(3) 活动参与：围绕办学特色，组织学生参与项目化学习、竞赛活动、主题探究等，如举办艺术展演、劳动技能赛、生态观察日志等活动，让学生在真实任务中提升综合能力。

(4) 实践体验：依托社区、企业、博物馆、农场等校外场域，建立“特色教育实践基地”，开展职业体验、志愿服务、调研访谈等社会实践活动，让学生在真实环境中理解劳动价值与职业路径，提升社会适应力与生涯规划能力。

(5) 管理引导：在学生日常行为管理、班级建设和评价体系中融入学校特色元素，如设立“美育之星”“劳动达人”等称号；通过日常观察记录、成长手册、过程性评价，引导学生形成自我管理与行为自觉，强化特色素养的内在转化。

(6) 协同联动：围绕办学特色构建协同育人共同体，引导家长参与特色课程开发、项目活动协作、家庭任务联动等，如亲子非遗共创、家庭生态守护计划；引入社会专业资源和行业导师，共同开展职业讲座、比赛指导等，构建多元赋能的支持网络。

详见实践案例9：“美育赋能下的生涯发展——以‘特色赋能法’推进校家社协同育人支持机制的实践探索”。

五 结论与展望

校家社协同育人支持机制通过学校主导统筹、家庭积极参与、社会资源协同，围绕学生生命关怀、生活保障与生涯发展三大领域，构建了系统化、可持续的支持路径。支持机制以学校为主阵地，整合课程教学、心理辅导、生活指导与生涯规划等校内外资源，提供针对性支持；以校家社协同为支点，实现从情感陪伴到专业干预、从日常教育到真实体验的全面覆盖，切实回应了学生成长过程中多方面的实际困难与发展诉求。

从实践路径看，支持机制依托“整合—建设—实施—提升—优化”五步闭环推进模式，确保支持精准落地、持续跟进。在具体支持内容上，机制不仅涵盖对学生生命关怀的风险防控、生活保障的精准帮扶，还贯穿“学涯”与“职涯”并重的生涯发展路径，为学生的成长与未来奠定了坚实基础。同时，机制也增强了学校的统筹能力、家庭的参与深度与社会的赋能力度，三方在目标一致中实现了职能互补，在协同运行中形成了育人合力。

展望未来，随着教育场景与学生需求的不断变化，校家社协同育人支持机制需持续提升应变能力，重点可围绕以下三个方面深入推进。一是以信息化为支撑,增强支持的动态响应力。建立涵盖学业表现、心理状态、生涯兴趣与社会适应等维度的"学生数字画像"系统,借助 AI 技术、数据分析与可视化平台,实现学生成长轨迹的动态跟踪与实时预警,推动支持服务向智能化、个性化、及时性转变。二是以机制建设为重点,推动协作的常态运行。健全校家社之间权责明确、流程清晰、反馈闭环的协作机制,将支持工作纳入教育教学日常流程中。推动校内组织结构与外部协作单位深度融合,建设稳定、高效的校家社工作联盟,保障机制运作持续化、规范化。三是以育人创新为导向,拓展机制的未来张力。围绕学校特色与学生发展实际,不断丰富支持方式和内容形态,如打造主题化生涯探索月、特色课程深度融合等,提升学生综合素养与核心能力。通过教育理念、课程形式和实践路径的持续创新,使支持机制始终具备发展力。

总之,校家社协同育人的支持机制不仅是教育应对复杂社会问题的一种策略转型,更是面向未来、构建育人共同体的有效路径。唯有协同推进与持续创新,机制方能真正内化为各育人主体的日常共识与行动方式,助力每一位学生走出一条属于自己的成长之路,迈向全面而有个性的未来。

案例 7

劳动之光照亮幸福成长路

——以“灯塔引领法”构建校家社协同育人支持机制的实践探索

校家社协同育人支持机制，是指在学校统筹主导下，以家庭积极参与、社会有力赋能为支撑，通过在校园内整合各类教育资源，组织实施不同类别的育人活动，为学生在生命关怀、生活保障与生涯发展等领域提供系统化、可持续的支持，从而实现学生全面健康发展的综合育人机制。

海华小学凭借劳动教育贯通校家社三大场域的独特优势，以及联结校园生活、家庭实践与社会责任的综合功能，实施教育综合改革项目——《基于劳动教育校本课程实施的家校共育实践研究》，使劳动教育在项目的引领下有序实施，成为撬动协同育人机制的关键支点。

学校基于政策导向与实践积累，构建“居家—校园—社会”三位一体的校家社协同支持机制，通过顶层设计将劳动教育纳入学校整体发展规划，形成基于校家社协同实施的“课程—活动—评价”一体化劳动教育体系，使劳动教育如同海上灯塔，不仅照亮学生的个体成长之路，更促进家长转变教育观念和行为，促使学校和家庭、社会形成劳动教育引领下的协同实施机制。

本文以 H 同学在本机制的作用引领下的蜕变和成长为案例，对学校以劳动教育为引领构建校家社协同育人机制进行阐述。

一、发现问题，一封信引发的教育反思

2021 年，学校在推进劳动教育课程时，收到 H 同学家长的匿名信。这封信暴露出劳动教育实施中的三个关键问题：

问题一：家校指导断层，家长虽重视但缺乏科学指导方法。

问题二：评价激励异化，劳动评价标准造成学生心理压力。

问题三：实践场域割裂，三大劳动教育场景难以有效衔接。

信中提及"孩子每晚练习系鞋带却追赶不上同学的进度""劳动小达人评比成为孩子的心理负担""学校学会的劳动技能在家无法有效实施""社会志愿服务难以实际开展"等问题，促使学校重构劳动教育体系，发挥主导作用，通过基于灯塔引领法的校家社协同育人实践使劳动教育真正发挥出其应有的价值。

二、灯塔引领，有序实施的劳动教育

学校以"灯塔引领法"为指导，通过系统化目标规划和阶梯式路径实施，实施校家社协同推进的劳动教育，以"培养知行合一的劳动素养"为总目标，制定《劳动教育三年行动纲要》，将育人蓝图分解为"习惯筑基—技能提升—价值体认"三阶段实施路径，形成"空间建设—课程开发—资源整合—评价创新"的有序推进体系。

（一）创设"三位一体"的劳动教育实施空间

基于劳动教育必须理论和实践相结合的必要性，兼具校家社协同功能的新型劳动学习空间的打造已经成为学校迫在眉睫的需求，学校积极利用校内每一个角落，建设集教育性、开放性和实践性于一体多元交互的学习空间"童作趣屋"，为学生提供真实、多样化的劳动体验。

通过巧妙的环境布置强化空间的灵活多样与真实自然，学校将涵盖学生个体生活发展的"居家""校园""社会"三大场域中的劳动场景在"童作趣屋"中进行模拟。教师、家长、社区志愿者可与学生一起在"童作趣屋"中进行劳动实践，课程还可通过"绿娃娃爱劳动"平台向全体家长进行共享。

学生在真实化、立体式的劳动教育中，和家长一起实现体验式、浸润式学习，以空间激发学习和交流，以场域的融合探索学生及其背后家庭的劳动观念、劳动能力和劳动习惯养成的新路径。H同学的妈妈因其是社区医院的护士，就作为第一批家长志愿者参与了"救护达人"的课程设计。在课程设计中，H同学的妈妈对幼儿救护和成年人救护要点的不同给予了专业性的建议，并支持学校组织年级中有相关学习意愿的家长以亲子共学的方式进入社区首先参与救护课程的学习，帮助学生和家庭提升了救护意识和能力，并在过程中实现了和学校劳动教育的价值共创。

（二）开发“四维支架”的劳动教育学习读本

为了能够更好地支持家长开展家庭中的劳动教育，学校联合家委会一起开发劳育和诸育相结合的《小海小华爱劳动》家校共育系列劳动教育读本，其中的劳动教育内容通过与学校活动结合、与班级实际结合、与学生个人生活结合、与社区服务结合为实施路径，同时辅以家庭教育指导要点，帮助家长提升劳动教育的家庭指导能力。

以一年级的读本内容为例，其中多个项目聚焦家庭中学生的自理能力提升，真实地帮助了家长掌握了小学生自理能力培养方法。在整理收纳课程中还配合“家庭整理习惯记录表”，使家长在读本的引导下便可以照搬的方式进行孩子的家庭劳动习惯培养，给予了家长劳动教育指导的底气和抓手。

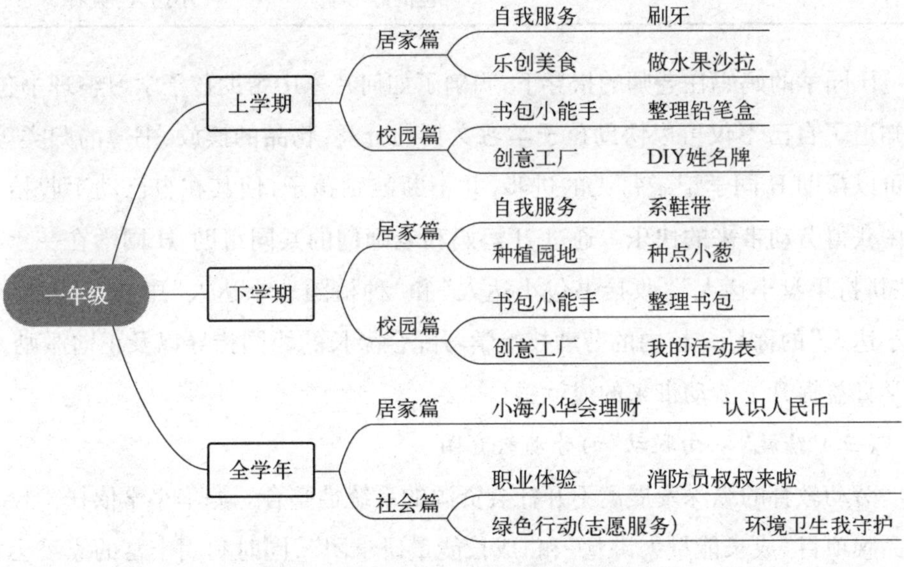

《小海小华爱劳动》读本一年级架构图

同时，学校还辅以劳动教育的指导路径，给予家长家庭劳动教育指导。通过学校对家长的指导，家长对孩子的指导，家长针对不同年级孩子的劳动特点进行“家长指导”，使家长和孩子们一起学习劳动精神、提高劳动技能、完成劳动任务，从而在一个个真实的劳动任务实施过程中，助力学生劳动素养的拾级而上。以低年级“居家篇”【整理书包】【整理书桌】为例——

低年级“居家篇”【整理书包】家庭教育指导架构

年级	劳动任务	劳动类别	劳动课教学目标	教师指导-家长	家长指导-孩子
一年级	整理书包	生活型劳动	1. 学习书包中用品的整理方法 2. 掌握整理书包的小妙招 3. 参加年级“整理书包小达人”竞赛	1. 学习“整理书包”资料，提高家长放手让孩子“自己的事情自己做”的意识 2. 指导家长帮助孩子整理书包的方法，共同解决问题和难点 3. 帮助家长激励孩子克服困难，持之以恒养成整理书包的好习惯	1. 与孩子共同学习学校提供的“整理书包”资料，使孩子形成“自己的事情自己做”的意识 2. 鼓励孩子对照学法指导视频在家练习整理书包并记录、拍摄 3. 鼓励孩子积极分享整理书包的小妙招，参加年级“整理书包小达人”竞赛

H 同学的妈妈在老师的指导下，明确了如何在家中帮助孩子学习整理书包：她知道了自己不仅可以协助孩子学习文具的分类、物品的摆放、书簿的归类等，还可以帮助 H 同学记录每天的进步，并不断鼓励孩子，使其在自己动手收拾书包中获得劳动带来的快乐。通过 H 妈妈和老师们的共同帮助，H 同学在一年级的“拼拼果盘小达人”“收拾书包小达人”和“种植园地小达人”中获得“校级劳动小达人”的称号。校内的劳动技能学习配合家长的协同指导以及正向激励，H 同学日益提升了劳动带来的成就感！

（三）绘就“双向联动”的劳动教育圈

劳动教育的纵深发展离不开社会资源的系统性整合。海华小学依托学校德育品牌项目“成长能量大讲堂”和“成长能量研学团”，同时利用丰富的家委会资源进行组织、调度工作，使劳动知识学习和劳动实践活动进行双向联动，将劳动教育从校园、家庭延伸至社会场景。

在校内，学校将劳动资源请进“成长能量大讲堂”：学校与区域内多家企事业单位签订形成“劳模工匠进校园”课程模块，上海市劳模走进讲堂，为孩子们带来一节节劳动精神宣讲；与老字号餐饮企业合作开发的“非遗厨艺传承”课程，让学生在老师傅指导下学习包汤圆、捏糕点，将传统技艺在指尖传承；与社区卫生服务中心共建“生命守护营”，邀请医护人员为学生开展急救技能培训，值得一提的是此项活动就由H同学的妈妈作为家委会的一员进行牵头组织。

在校外，学校联动社区养老院设立“小豆小苗服务岗”，学生通过报名参加“成长能量研学团”活动定期参与敬老服务；学校联合区域内生态农场打造“田间课堂”，让学生在播种收割中理解“粒粒皆辛苦”的真谛；同时，学校携手科技公司开设的“智慧劳动工作坊”，使学生通过编程控制的创意美术作品制作等跨学科项目，体验传统劳动与数字技术碰撞出的奇妙火花。

校内外“双向联动”的模式，不仅打破了“学校单打独斗”的劳动教育局限，更让劳动任务成为连接社会需求的真实纽带，使劳动真正成为联通学生知识学习与社会认知的桥梁。

（四）架构“多元交互”的劳动教育评价平台

学校以校家社协同共育为前提，建立劳动教育信息共享平台——“绿娃娃爱劳动”，实现劳动评价和过程指导的多元共促。

该平台系统集成三大功能模块：在“劳动云课堂”模块，通过微课资源库实现校家社协同下的劳动教育指导供给，H同学和家长可以按需求点击学习；在“成长可视化”模块，H同学居家劳动、校园学习和社区服务等全场景劳动行为都可以被记录，最后汇入学校大数据库，生成可反映他全面成长的数字画像，家长和学生可直观感受成长轨迹；三是“智慧评价圈”模块，平台建立教师专业评价、家长过程反馈、社区认证赋能的多元评价体系，H同学不仅可以获得老师的专业评价，还可以收获家长的点赞，感受平凡劳动中的家庭温馨。

如今，即将从海华毕业的H同学不仅连续多次获得“劳动小达人”的奖章，且参与“消防安全大巡游”“绿光市集”等多个学校特色劳动社会服务项目，而在家里，H同学不仅能够将自己的一方小天地收纳得整整齐齐，更成了能够承担起家庭劳动责任的男子汉。H同学的成长案例生动地告诉我们，校家社协同支持下的劳动教育不再是孤立的技能训练，而是连接家庭温情、校园智慧与社会责任的成长纽带。

灯塔引领法下的劳动教育如同光芒穿透迷雾——学校作为灯塔锚定方向，家庭化作护航的船只，社会成为托举的港湾，三方协同照亮学生成长航道。当劳动教育通过顶层设计有序落地，当校家社资源通过精准调度形成合力使其真正融入生活场景、转化为校家社协同的行动共识时，每个孩子都能在"知""情""意""行"并进的劳动实践中，收获全面成长的幸福之光。

（上海市黄浦区海华小学　叶季红）

案例 8

心理剧“共情”，校家社“共育”

——以“共情共育法”优化校家社协同育人支持机制的实践探索

学校主导下的校家社协同育人是当前教育实践中至关重要的教育模式，学校、家庭和社会的教育功能虽各有侧重，但核心目标都是培养全面发展的人，而校家社协同育人的支持机制，通过整合资源、共担责任，为学生成长提供更立体的支持网络，促进教育目标的一致性。

传统的家校共育方式，如家长会、专家讲座、家访等，以对家长的单向输出为主，家长往往是被动接收信息，其参与度和与学校的互动性不足。在与家长交流学生问题的过程中，家长群体的核心诉求在于直接获取具备可操作性的实践指导，或者说普遍期望教育专家或专业教师给出明确的应对策略，即“头痛医头，脚痛医脚”，而容易忽略问题背后的真正原因，也很难跳出问题看本质。因此，为了有效地化解亲子冲突，上海市实验学校附属东滩学校积极采取行动，以家庭教育情景剧的形式，创新校家社协同育人支持机制新路径，成立家庭教育情景剧核心团队，将家庭教育中的问题和挑战搬上舞台，台上家长通过角色演绎，台下家长作为观众共情，感受剧中角色的情感变化，聆听剧中孩子的内心独白，真正做到感同身受。所谓“旁观者清”，家庭教育情景剧引发了家长们广泛的关注和深入的思考，为校家社协同育人提供了新的思路和实践经验。以下以上海市实验学校附属东滩学校家庭教育情景剧《爱的冲突》为例，分享共情共育法在协同育人支持机制中的运用。

一、广泛调查筛选，把握选题方向

为全面了解学校家庭教育现状及学生成长需求，学校采用多维度调研方式，通过班主任教师日常观察总结、学生个案问题处理跟踪、家长问卷调查、家委会专题访谈等形式开展深度调研。

在家长问卷调查中发现，家长们普遍关注的问题主要集中在孩子的学习习惯、学业压力、亲子沟通、兴趣培养等方面，这些问题反映了家长们对孩子全面发展的重视，以及对育儿过程中可能出现的挑战的担忧。班主任老师在日常教学处理学生情绪问题的过程中发现，家中有弟弟或妹妹的学生，更容易产生一些阶段性的心理问题。这些学生在弟弟妹妹出生后，会感到被忽视，产生心理落差，出现嫉妒、叛逆等情绪，甚至影响学习生活。有的则因为在与弟弟妹妹争吵和冲突的过程中，父母处理方法有失公平，认为老大应该更懂事，最后用“以大让小”的方式草草处理了事，长此以往，孩子内心逐渐缺乏安全感和不被信任感，从而容易变得敏感，不自信，或者处理矛盾易情绪化等问题。在与家委会成员家长深度访谈过程中也有不少家长表示，随着二孩政策的放开，越来越多的家庭迎来了第二个孩子。二孩的到来为家庭带来了欢乐，同时也对小学阶段的学生产生了一定的影响，家庭结构的变化也带来了新的挑战。

因此在家庭教育情景剧剧本创作过程中，通过添加二宝这一角色，丰富剧本故事情节，将家庭矛盾问题高度还原，使得家庭教育情景剧的共情效应最大化。《爱的冲突》这一剧本，就是从学生原创的剧本故事中挑选出来的，一开始学生所描述的矛盾点为电子设备的使用问题，结合当下二孩家庭和隔代参与家庭教育的实际情况，情景剧家长创编团队在原有剧本中添加了小女儿和外婆的角色，呈现多维冲突，让故事情节自然真实地演绎。

《爱的冲突》人物角色：

大女儿：苏冉（五年级学生）

小女儿：苏玉（一年级学生）

苏母：林羽佳

苏父：苏浩天

外婆

苏冉同学：唐文

《爱的冲突》引子：

苏冉是五年级即将毕业的学生，即将进入青春期。苏母因为担心她学坏而加强了对她的管教，希望她能多在学习上用功，而不是沉浸在手机聊天中挥霍时间。一天放学后，苏母发现女儿没有好好复习，一直在玩手机，母女关系再度紧张了起来……妹妹苏玉的加入，使原本紧张的气氛越演越烈……

二、有效整合资源，合力优化演出效果

确定选题后的剧本创编采用家校合作共创模式，既有学生原创的优秀剧本也有情景剧创编团队，专门围绕选题编写剧本。学生剧本往往来源于自己的亲身经历和感受，家长们则充分利用调研素材，结合自身的教育经历，编写出了一系列主旨明确、内容集中易懂、贴近现实生活的剧本，这些剧本不仅易于使亲子产生共情，也为后续的排练和演出打下了坚实的基础。

剧本诞生后，学校会邀请心理老师或具有编剧、导演特长的家长，对剧本进行再优化和指导，确保剧本内容的丰富性和演出效果的戏剧性。在演出排练阶段，也会邀请有舞台经验的音乐教师、家长对演员进行指导，保证表演效果。在此期间，情景剧的核心团队，分工明确，确保演出服装和化妆需求的准备，学校做好协调保障工作，提供彩排场地，协调彩排指导时间，提供演出桌椅道具和设备支持，多方协作促成演出的顺利进行。

三、设置开放结局，专家引领指导

每一场的情景剧时长为 15 分钟左右，为了让家长更有参与感和互动性，在剧本创作时通常会设置开放式结局，将问题抛给台下的家长，引发家长思考。

《爱的冲突》第三幕

（苏冉家客厅）

旁白：外婆离开后，苏父见苏母正坐在沙发上生闷气，苏父决定好好和苏母聊聊孩子教育的问题。

苏父：（坐在苏母对面）羽佳，孩子现在学习压力本来就大，你也要给她一点空间舒缓下自己的情绪。再说了，她和学习成绩好的孩子交流，学习上说不定能取得进步呢。

苏母：怎么？现在你是觉得我管她管太紧了？她马上要上初中了，还拎不清事情轻重缓急，浪费大把时间在聊天上，这对学习有什么帮助？

苏父：嘿，这孩子之间讨论交流不是很正常的吗？

苏母：你倒是心宽的嘞，现在孩子首要任务就是学习，不然将来怎么考好的高中？你就这样惯着她吧，迟早会被惯出问题。

苏父：你能不能讲点理啊？孩子是你的也是我的，我也希望孩子能变得更好，但我们也要讲究方式方法不是？现在孩子马上到青春发展的关键期，我们不能只关注学业啊，不是只有学习成绩才重要，与人沟通交往的能力也一样重要呀。你想想，她学业上受挫了，肯定心里也不好受呢，和同学交流沟通一下说不定就开窍了呢，是不是？

苏母：你这是在说我的不是了？啊？浩天，当初是不是你说孩子现在处于学习关键期，让我辞职在家带孩子的？现在我每天都围绕这个家转，成天为她的学习操心，怎么——现在倒是我的不是了？我这也是早点警醒她，不然以后她悔悟就晚了。

苏父：若是只知道学习，“两耳不闻窗外事”，这不是成了书呆子了嘛？（摊手停顿，看向苏母）我们冉冉又不是学习的机器人，她也需要与人交际，她有自己的人际圈，你应该多听听孩子的想法。况且，现在都在强调学生的综合素质了，我们不能只关注孩子的学业，应该让孩子多元健康发展……

苏母：好，好，好，你有理，我真是费力不讨好，以后孩子你来管，你说了算，行了吧。（起身离开）

苏父：哎……（伸手挽留）怎么还不乐意听了，这不都是在为孩子考虑嘛……（见苏母离去，苏父跟了上去）羽佳，你听我说……

（全剧终）

在《爱的冲突》一剧中，家庭中的大女儿苏冉用手机与同伴商讨题目而引发的一系列问题，家长的不信任以及妹妹苏玉学着姐姐的样子玩起了平板，使得苏冉反而遭受了父母的指责，认为她作为姐姐没有起到好的榜样作用，带坏了妹妹，妹妹犯了错反而责怪姐姐等一系列矛盾，导致姐姐苏冉情绪崩溃，母亲愤然离场。这样的场景，相信不少家庭中都有发生，台下的家长仿佛看到了自己家庭生活的情景再现，这样开放的结局，也留给了家长许多思考的空间。

在每场演出时，学校会邀请有经验的专家作为本场情景剧的领航员。在演出之前，领航员会提前了解剧本内容，分析剧本中的家庭矛盾或亲子问题，在演出结束后，领航员会先邀请家长上台通过情景再现或语言叙述的方法与台上的演员互动，尝试解决剧本中出现的矛盾。在这个过程中，台下的家长或捧腹大笑，或频频点头认同。互动结束后，领航员对家长的解决办法进行点评和指导，并对本场剧目的内容展开深入的剖析以及指导问题的解决。

如在《爱的冲突》这场情景剧演出结束后，领航员从剧中的亲子、隔代、夫妻之间的多维矛盾冲突引入家庭关系稳定的重要性，强调家庭矛盾产生后沟通的重要性。领航员提出可以从“倾听、共情、看见、翻译”这四个步骤着手，首先要学会认真倾听，放下手机，全然关注；其次与对方产生共情，此处的共情并不是安慰对方，而是要与对方站在一起，去感受对方的处境；然后要学会看见，每个人的付出都应该被看见，当自己的付出或想法被真正地看见理解，双方就不会轻易产生抱怨情绪；最后去理解行为背后的需求，看清楚需求，即学会“翻译”而不要被表面的语言和行为迷惑。领航员结合剧中的问题，将教育理论口语化解释，家长们更容易理解和学习。

四、搭建线上平台，交流反思心得

由于线下家长和领航员的互动时间有限，为了让“家庭教育情景剧”的共情共育效应最大化，学校积极探索线上线下相结合的模式，充分利用现代信息技术手段，构建家校共育平台。

每次演出结束后，学校还会将当天的情景剧和领航员的指导视频上传至学校家校互动平台，家长们可以线上回看演出精彩瞬间，并在互动区分享演后感、观后感。这种线上互动方式打破了时间和空间的限制，让家长们能够更加便捷地分享自己的想法和经验，促进了家长之间的相互学习和共同成长。在交流过程中，家长们各抒己见，分享自己在家庭教育中的成功经验和失败教训，共同探讨解决问题的方法和途径。通过这种互动，家长们不仅增强了参与感和归属感，也进一步加深了对家庭教育的理解和认识。

【演后感】很荣幸参演学校家长朗诵社团排练的家庭心理剧《爱的冲突》。我在剧中饰演女儿冉冉。

对我来说，这个角色是对孩子们的共情，也是代表父母们的表白——站在孩子们的立场，替他们说出内心的话，表达他们的情绪、感受。

我是如此理解你、完全接纳你[拥抱][拥抱]

青春稍纵即逝，在孩子们意气风发、诗意盎然却又懵懂迷茫的年纪里，我们有幸成为重要的观望者、支持者、参与者，陪伴他们共同成长。同时，自己也加深了对时间、对生命的理解。我们从那个年龄走来，那时的知识、那时的感受还带着温热。如果我们曾好好地了解自己，了解学习和成长的过程，应该是很能理解、帮助、支持他们的，带着温暖的真诚。给个全然接纳的微笑、轻抚、拥抱；不经意地搭把手；或只是仿佛对曾经的自己说，我看到你了，我太知道这个滋味儿了！来吧，这里有很大的空间，一个属于你的世界，可以撒娇、可以放下所有包袱尽情释放、也可供给足以让你坚韧无比的力量。这个满是爱的宽广的场域，一直会为你守候，为你而存在。

[redacted]

看完之后真的是感同身受，真实地反映了现在有孩子家庭的真实情况。在我们家也会有类似的冲突，这些冲突都是基于爱的基础上，母女的冲突，夫妻的冲突，妈妈为了孩子全身心地付出，各种焦虑。从剧中也侧面看到了自己，觉得一个家庭还是要合理妥当处理好这种冲突，和孩子多沟通，多体谅她们的感受，自己也要心平气和坦然面对孩子的成长。

11月02日 | [redacted] | 置顶 推优

[redacted]

剧中焦虑的妈妈，可怜的老大。老大被冤枉不被理解，很无奈...，为人父母，应多理解孩子，多一些包容，少一些抱怨，学会好好说话

作为二孩家长，深感对老大的亏欠，第一次当家长的时候也是在摸索中，而且很没耐心，而二孩之后就有了经验，对孩子的耐性和理解就多了，亲子关系也好了，好在对大娃现在也是多沟通多了解，弥补了童年的亏欠。

[redacted]

看了视频感同身受，当今社会避免不了电子产品对孩子的诱惑，而且也在日常的学习生活中无可避免。既然避免不了，那就需要家长做智慧的父母，可以尊重孩子的想法，听取他对电子产品使用的一个想法，关于无法达成一致或有意见相佐的地方可以进行一个商榷。尊重理解是良好亲子关系中很重要的一步，帮助孩子树立正确的价值观，远比吼叫限制来的有效。

五、建立反馈渠道，形成常态机制

为了进一步引导家长们进行反思和总结，学校在演出结束后，会给家长下发评教问卷，邀请家长对本次情景剧情况进行反馈。家长的建议和意见为学校后续的工作提供了重要的参考和借鉴，学校根据家长的反馈，不断优化和改进“家庭教育情景剧”项目，使其更好地满足家长和学生的需求，促进家庭教育观念的转变。

从2021年起，学校在每学年的第二学期固定开展一次家庭教育情景剧演出活动，至今已成功推出了《爱的冲突》《成长之惑》《爱之归航》等多部情景剧。通过这些活动，不仅丰富了校园文化生活，还探索出了一套可复制、可推广的常态化实践经验，为家庭教育指导提供了生动的实践范例，也为学生心理健康教育开辟了新的路径。

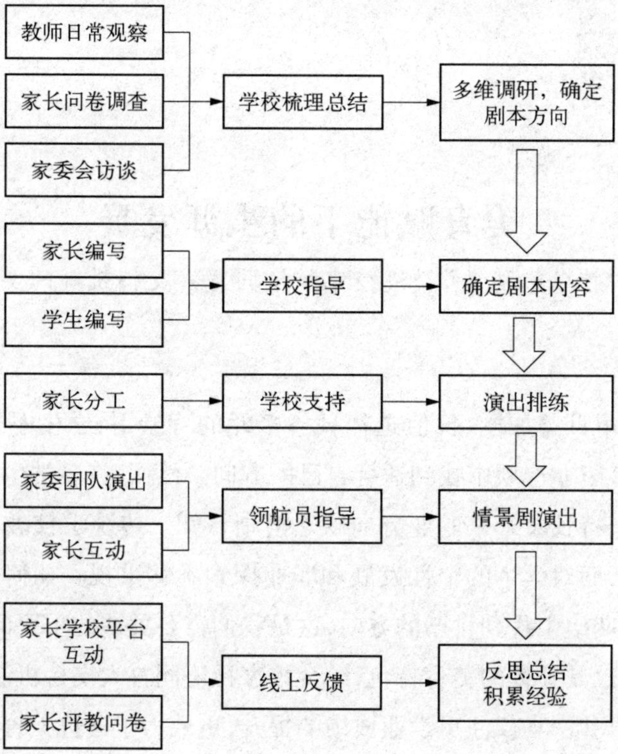

未来，学校将持续深化这一模式，以共情共育为内核，以家庭教育情景剧为切口，为学生的健康成长筑牢坚实的心理防线，助力每一位学生健康、全面地发展。

（上海市实验学校附属东滩学校　陈玉洁）

案例 9

美育赋能下的生涯发展

——以"特色赋能法"推进校家社协同育人支持机制的实践探索

在社会竞争日益加剧、价值选择日益多元的背景下，学生不仅面临学业压力，还需在众多职业选项中找到适合自己的方向。然而，许多学生在高中阶段仍然对自身兴趣、特长及未来职业方向缺乏清晰认知。传统学校教育往往侧重学科知识的传授，而对学生的个性发展和职业探索不够重视。如何帮助学生在学业压力和社会期望中找到自己的方向，这是我们需要关注的重要问题。

罗店中学以其独特的美育特色，结合校家社协同育人支持机制，逐步打破传统教育模式的局限，不仅注重学业成绩的提升，更致力于通过美育培养学生的综合素养，助力他们在生涯发展中找到适合自己的道路。本文将通过 Z 同学的生涯发展故事，具体剖析校家社协同育人支持机制如何帮助学生从兴趣萌芽到职业发展，实现个性化成长。

一、传统教育的局限与生涯探索的需求

在传统教育体制下，学生在生涯发展上普遍面临三大问题：一是自我认知不足：许多学生缺乏对自身兴趣和特长的深入了解，导致在选择专业和职业时缺乏方向感；二是职业认知受限：大多数学生对社会职业的了解仅停留在"医生""教师""公务员"等传统职业上，而忽略了新兴行业和跨学科发展的可能性；三是家庭期望与个人兴趣的冲突：家长往往从社会稳定性或个人经验出发，希望孩子选择传统稳定的职业，而忽视了孩子的个性化发展需求。

这些问题不仅影响了学生的生涯发展，也导致他们在高中阶段感到迷茫和焦虑。因此，如何在基础教育阶段提供生涯发展支持，帮助学生在兴趣与现实之间找到平衡，是教育创新中亟待解决的问题。

二、罗店中学的美育特色赋能生涯发展

罗店中学始终坚持将美育作为促进学生全面发展、加强职业认知和培育个性特长的重要路径。学校通过将美育教育与生涯规划有机结合，逐步形成了一个有助于学生自我探索、提升认知和选择职业方向的教育模式。学校的美育特色，既为学生提供了审美素养的培养，又帮助学生在此过程中更好地认知自己，探索适合的生涯发展道路。

（一）课程整合，拓展生涯认知

学校将美育与学科教学深度融合，通过跨学科整合的方式，让学生在不同学科的学习过程中，潜移默化地认识到职业的多样性。在课程设计上，学校开发了“学科艺术融合课程”，如：“智能家电唤醒美好生活”将美学元素引入理工科教育，帮助学生理解工业设计、用户体验等职业领域的价值；“高中数学文化拓展”结合数学艺术，使学生在学科学习中理解数学在建筑、视觉艺术等领域的应用。这些课程帮助学生对职业有了新的认知，使他们能够跳脱传统的学科与职业对应关系，理解职业的多维特性，为未来生涯发展提供更广阔的视野和可能性。

学校同时开设了“艺术尚美专业课程”，如：“传统戏曲欣赏与演绎”培养学生的艺术鉴赏能力，让他们认识戏曲文化与舞台表演相关职业；“罗店民俗版画教程”让学生学习传统版画技艺，同时探索文创产品设计的可能性。这些课程不仅培养学生的创造力和表现力，还帮助他们理解艺术如何成为职业的一部分，进而增强对文化创意、设计行业的兴趣。

（二）家庭支持，助力生涯成长

家庭是学生成长的第一课堂，学校借助家长学校，定期举办“尚美讲坛”，邀请美育专家、行业人士等，向家长传播美育理念，以及进行生涯规划指导，使家长逐渐转变观念，从认准传统“稳定职业”，转而支持孩子的个性化发展。

一些家长主动拓展社会资源，利用自身的社会人脉，为孩子提供职业体验机会，安排孩子参观工作场所、与相关行业人员进行交流，帮助他们更直观地了解相关职业的实际情况。此外，有的家长还会陪伴孩子参加社会实践活动，例如非遗文化体验、艺术展览、创意设计比赛等，让孩子在真实场景中接触多种职业类型，深入了解不同职业。甚至有少数家庭还会在日常生活中营造有利于生涯发

展的环境，如提供书籍、线上课程或相关工具，支持孩子深入探索感兴趣的领域。

（三）社会赋能，丰富生涯体验

除了学校和家庭，社会资源的引入对于学生生涯探索同样至关重要。学校与本地文化场馆、非遗工作坊、高等院校、企业合作，为学生提供了丰富的社会实践机会，让学生能够直接接触和体验不同的职业领域。通过与非遗传承人、创意工作者的互动，学生能够深入了解文化产业的发展，甚至亲手参与产品制作，感受职业的魅力。另外，通过艺术展览、文创比赛、社会公益项目等社会实践活动，学生在真实的社会情境中，逐步建立职业认知，增强社会责任感。

三、Z 同学的生涯发展之路

生涯发展并非一蹴而就的过程，尤其对于兴趣广泛但缺乏清晰职业认知的学生来说，他们需要在探索、调整与实践中不断找到适合自己的道路。Z 同学的故事，正是罗店中学校家社协同育人支持机制成功实践的一个生动案例。Z 同学从最初的迷茫与自我怀疑，到逐步认清自己的兴趣，最终在学校、家庭与社会的多方支持下明确了职业方向，开启了一段全新的成长之旅。

（一）陷入迷茫：兴趣受限于现实期待

Z 同学自幼对传统木雕和民俗版画充满兴趣，喜欢研究不同的雕刻技法，常常沉浸在木片与雕刻刀的世界里。但自从进入高中以后，面对学科压力和家庭的期待，他的兴趣似乎变成了一件“不务正业”的事情，逐渐被搁置一旁。

他的父母希望他选择一条“稳定”的道路，比如成为医生、教师或警察，而不是从事他们眼中“难以谋生”的艺术创作。父母不断提醒 Z 同学要把精力放在高考科目的学习上，认为艺术只是兴趣，而非职业方向。在这样的氛围下，Z 同学逐渐对自己的未来感到迷茫。他尝试顺从父母的期待，放下刻刀和画笔，专注于数理化的学习。然而，尽管他花费大量时间去适应这些课程，成绩并未显著提升，反而因丧失兴趣而变得焦虑、失落，甚至产生了“自己是不是一无是处”的想法。

Z 同学的迷茫并非个例。在高中阶段，许多学生在成长过程中都面临过类似的困惑。他们有自己的兴趣爱好，却因社会观念或家庭期待而不知所措，甚至否定自我。这时，学校的支持机制便成了引导他们前行的重要力量。

(二)受到启发:美育拓宽认知边界

此时,学校的"古风心韵"民俗艺术课程给Z同学带来了启发。这是集文化探索、手工艺实践和职业启蒙于一体的系列课程,旨在让学生通过传统艺术感受美的力量,并探索职业发展的可能性。在老师的推荐下,Z同学选择了民俗版画课程,并开始学习这一技艺。

起初,他仅仅是抱着试试看的态度参加了该课程。然而,在课堂上,当他亲手完成第一幅版画作品时,那种熟悉的成就感唤醒了他内心的热情。课上,老师不仅教授雕刻技巧,还鼓励学生将传统版画与现代设计结合,尝试创作文化创意产品。这让Z同学意识到,原来传统手工艺并不只是过去的遗产,它可以通过创新,与现代社会的需求相结合,从而焕发出新的生机。

几次课过后,老师发现了Z同学的潜力,于是给予他额外的技法指导,并且推荐他参加校内的艺术作品展。在展览上,他的版画作品受到了大家的认可,这极大地增强了他的信心,也促使他开始认真思考,自己是否可以将这份热爱发展为未来的职业方向。

(三)获得理解:家庭转变助力成长

尽管Z同学在学校逐渐找到了自信,但家庭的态度仍然是他迈向职业发展的最大障碍。他的父母坚持认为艺术行业充满不确定性,出路不好,希望Z同学选择传统职业。面对家庭的反对,Z同学感到十分郁闷,甚至想要放弃版画课程,以此断了自己的念想。

这时,罗店中学家长学校的特色项目"尚美讲坛"发挥了重要作用。学校邀请了文化创意行业的专家和高校教授,跟家长分享了艺术教育与生涯发展的关系,介绍了国内外文化创意产业的现状与前景,并举例说明如何通过艺术实现职业发展。通过系列讲座,Z同学的父母了解到,现代社会对艺术创作的需求不仅局限于传统绘画和雕刻,还涵盖了视觉设计、产品包装、影视动画、文创品牌等多个领域,而这些都与Z同学擅长的技艺紧密相关。

除此之外,班主任和大艺术课老师还特意向家长展示了Z同学平时创作的版画,并邀请家长一起观看孩子正在展览的优秀作品。看着孩子精心创作的版画,父母深有感触,他们发现,平时默默无闻的孩子在自己擅长和热爱的领域竟然如此闪闪发光。

经过家校的多次沟通，Z 同学的父母开始改变对艺术行业的固有认知。他们逐渐意识到，比起让孩子违背本心去选择他们认定的稳定职业，更有价值的是帮助孩子在擅长的领域里找到适合的生涯发展路径。于是，他们不再强迫 Z 同学放弃艺术学习，而是选择用实际行动支持他的兴趣发展。

父母开始满足他在艺术学习上的要求，根据 Z 同学的需求购置了专业雕刻工具、艺术书籍，还帮他订阅了与文化创意行业相关的期刊，便于他接触更前沿的行业动态。此外，他们主动联系在艺术设计或文化创意领域工作的朋友，带着 Z 同学与这些行业人士会面聊天，帮助他更清晰地了解行业发展趋势和职业前景。与此同时，Z 同学的父母也积极参与他的艺术实践，陪同他参观各类版画展览，与他一起探讨作品风格，并在他准备比赛时给予鼓励和支持。这种切身的投入让 Z 同学感受到父母对他的认可和尊重，也增强了他的职业自信。在家长的全力支持下，Z 同学终于能够安心地追寻自己的梦想。

(四) 明确方向：社会实践塑造未来

为了帮助学生建立更为真实的职业认知，学校主动对接社会资源，搭建生涯体验平台，为学生提供高质量的实践机会。在老师的推荐下，Z 同学在暑假期间参加了版画工作室，与专业的版画艺术家们一起学习雕刻技法，并观摩艺术家的创作过程。他在实践中感受到了职业艺术家的工作状态，并了解到如何通过艺术创作实现经济价值。

此外，学校还鼓励 Z 同学报名参加各类比赛和社会公益类非遗文化活动，他将版画技艺与现代设计结合，创作出的版画作品频频获奖，也在公益活动中让非遗传承绽放出时代之花。

这些社会实践让 Z 同学认识到，传统艺术并不等于"过时"，相反，它完全可以与现代社会的需求相结合，创造出市场认可的作品。他开始明确未来的生涯方向——申请艺术设计类高校，专攻文化创意与传统工艺设计，并计划在大学期间继续深耕版画技艺，探索如何通过现代技术赋予传统工艺新的生命力。

Z 同学的成长故事不仅印证了美育对生涯发展的深远影响，也展现了校家社协同育人支持机制如何在学生成长的关键阶段发挥作用。生涯发展不是单向选择，而是一个动态探索的过程，在兴趣与现实之间寻找平衡，在个人志向与社会需求之间建立连接，每一位学生都需要一个能够包容个性、引导成长的支持机制。

正是在这样的探索过程中，罗店中学不断推动校家社协同育人支持机制的完善，持续深化美育赋能生涯规划的路径，让美育不仅成为提升审美素养的方式，更成为激发学生潜能、培养创造力和职业认知的重要桥梁。

（上海师范大学附属宝山罗店中学　强薇）

保障机制：筑密校家社协同育人的网络

上海市嘉定区第二中学　胡　冰

在当今教育快速发展的浪潮中，学校家庭社会协同育人机制建设是一项系统工程，强化顶层设计，建立健全制度体系，是推动工作协调有序、科学高效开展的根本保障。校家社协同育人保障机制是构建现代教育治理体系的核心纽带，其核心在于通过制度设计、资源整合与责任共担，实现家庭、学校与社会的协同发力。需进一步强化制度保障与激励机制，推动协同育人从“形式联动”迈向“实质融合”。

本章节旨在深入探讨校家社协同育人保障机制的构建与完善，包括阐述构建校家社协同育人保障机制的价值意蕴，构建校家社协同育人保障机制的基本原则，详细分析校家社保障机制的实施路径，探讨保障机制完善与优化的具体措施以及对未来校家社协同育人的发展方向进行展望。

一　构建校家社协同育人保障机制的价值意蕴

校家社协同育人保障机制是指在政府推动下，以学校为圆心，以区域为主体，以资源为纽带，整合学校、家庭和社会的教育资源，通过制度化、系统化的设计和实施，确保学校、家庭和社会在育人过程中目标一致、关系协调、资源共享、责任共担，共同促进学生全面发展健康成长的长效机制。它强调通过政府推动、学校主导、家庭尽责、社会协同参与。譬如，教育部门统筹政策落地、财政保障教育经费投入、科协推动数字化教育创新,建立起多元主体协作的共建共治共享教育生态,优化资源配置,弥补教育资源的不平衡,增强教育公平性,提高教育质量,为学生的身心发展提供全方位的保障。

校家社协同育人保障机制在于通过多方协同合作,构建一个全面而系统的教育支持网络,进而实现学生的全面发展和社会的和谐进步。

(一)三位一体,融通学生全面发展

学校教育给予学生系统的知识体系和学术能力培养;家庭教育着重塑造学生的品德修养、价值观和生活习惯;社会教育补充更广泛的实践经验和社会认知。校家社协同育人保障机制通过政策引领,整合多方资源,形成政府主导、专业支撑、区域联动的立体化保障网络。

政府部门发挥核心保障功能:妇联牵头建立家庭教育指导中心,系统性提升家长育人能力;教育部门统筹搭建家校沟通平台,打通校家信息共享渠道;卫健委推动医教结合机制,通过派驻学校心理咨询师、联合卫生机构定制学生健康管理方案,筑牢身心健康防线;民政部门整合帮困助学和社区公益资源,保障生活,拓展实践。

专业机构深度赋能教育生态:高校依托学术优势研发生涯规划课程体系,同步开展教师专业培训;科技馆、博物馆等场馆开发主题研学项目,将展厅转化为实践课堂;龙头企业与学校共建职业体验基地,推行企业导师与学校教师协同指导的“双导师制”,提前培育职业素养。

区域资源构建协同护航网络:街道派出所联动学校落实安全联防机制,定期开展校园周边环境治理;社区卫生中心面向师生开展急救技能培训,实施近视防控专项干预;街道文化站组织非遗传承人进校园,将地域文化资源转化为校本课程,最终形成覆盖校家社的“15 分钟教育服务圈”。

通过政策引导精准对接需求、资源下沉强化服务实效,全方位覆盖学生的学习发展、心理健康、品德养成、核心素养提升及职业启蒙等维度。既强化了家庭教育的科学指导力,又拓展了社会实践的资源承载力,更提升了突发危机的快速响应力,为学生在学业挑战应对、社会化适应能力培养及终身发展基础奠定等方面提供系统化支撑,助力其更成功地迎接成长过程中的多元挑战。

（二）互通智联，重构资源增值网络

校家社协同育人保障机制突破传统教育资源配置边界，形成"共享—整合—创新"三位联动的资源增值网络，聚焦教育资源的动态流动与价值再造。

1. 跨域资源共享与精准流动

建立覆盖城乡的数字化教育资源共享平台，打通学校优质课程库、家庭特色技能库、社会实践基地库的互联通道。通过"学区资源银行"实现学校间实验设备、师资力量的按需流转；依托社区教育中心搭建家长技能共享站（如工程师父亲开设机器人工作坊、非遗传承人母亲组织传统文化课堂）；联动图书馆、科研院所开放科普资源云端预约系统，使学生可同步参与顶尖实验室的虚拟仿真实验。

2. 多维资源整合与场景重构

创建"政府搭台—专业运营—社会供给"的资源集成机制：教育局统筹建立区域教育资源热力图，实时匹配供需缺口；国有企业与民办教育机构共建课后服务资源包；家庭教育智库开发亲子共学项目库。通过校企合作定制职业启蒙微基地、家校联合设计劳动教育图谱、社校协同开发红色研学路线，将分散资源转化为结构化教育场景。

3. 技术赋能资源创新与迭代

运用区块链技术建立教育资源确权与追溯系统，激励教师共享原创教案、家长贡献实践案例、企业发布真实项目课题。开发AI资源匹配引擎，基于学生成长档案自动推送个性化资源组合。构建教育资源创生实验室，孵化校家社协同研发的STEAM课程、数字化家校沟通工具、虚拟社区实践平台等新型教育产品。

通过打破资源壁垒、激活存量资产、培育新型供给，重构教育资源配置的时空维度。既解决传统资源分布"静态孤岛化"问题，又创造资源增值的"动态生态圈"，最终实现教育资源从物理叠加到化学融合的质变，为教育公平与质量提升提供可持续动力。

（三）托举育人，鼎新教育治理生态

校家社协同育人保障机制通过重构教育治理范式，构建"多元主体共商—治理规则共建—发展成果共享"的现代化治理生态。

1. 重构治理结构：从单一管理转向协同共治

突破传统教育管理行政化壁垒，建立校家社教育治理共同体。通过设立校

家社共治委员会，将家长代表、社区观察员纳入学校发展规划审议；依托街道议事厅搭建教育诉求响应平台，实现校园安全、课后服务等公共议题的民主协商；创建校家社联合督导组，对“双减”政策落实、心理健康服务等实施动态监测。这种治理结构的重塑，使教育决策从封闭单向转变为开放共治，有效提升治理回应性与合法性。

2. 创新治理机制：从临时协作转向制度赋能

构建“双循环”治理运行体系：对内建立校家社联席会议制度，制定《协同育人权责清单》，明确三方在课程开发、安全防护等领域的协作规范；对外形成政—校—社数据共享机制，打通教育局学籍系统、社区人口数据库与家庭信息平台。通过开发校家社协同数字驾驶舱，实时呈现区域教育资源分布、风险预警、需求热力等治理指标，为精准决策提供支撑。

3. 提升治理效能：从局部改善转向系统优化

协同治理机制将激活三大转化路径：一是资源转化，建立校家社资源确权交易系统，将家长职业资源转化为职业启蒙课程，社区闲置空间改造为实践教育基地；二是风险转化，构建“家校预警—社区介入—专业干预”三级危机响应链，对校园欺凌、网络沉迷等风险实现源头治理；三是价值转化，推行校家社协同积分制，将家长参与社区教育志愿服务纳入信用激励体系。这种治理效能的系统释放，使教育治理成果转化为社会资本增量，最终形成“育人质量提升—社会治理改进—城市发展赋能”的良性循环。

通过主体再组织、规则再设计、效能再定义，既破解了传统教育治理中“政府失灵”与“市场缺位”的双重困境，又创造了教育现代化与社会治理创新协同发展的新型范式，为构建共建共治共享的社会治理格局提供教育方案。

二 构建校家社协同育人保障机制的基本原则

校家社协同育人保障机制旨在整合学校、家庭和社会的教育资源，形成教育合力，为学生创造一个全方位、多层次的成长环境。然而，要使这一机制真正落地并发挥其最大效能，必须遵循一系列核心原则。这些原则不仅是指导实践的理论基础，更是确保机制有效运行的关键要素，从而实现最佳的育人效果。

（一）有效性

有效性原则是校家社协同育人保障机制的核心要求之一。它强调机制在实施过程中要切实可行，能够达到预期的目标，并在协同育人的具体情境中展现出实际效益。

1. 育人目标一致性

学校教育、家庭教育和社会教育三者之间应明确共同的育人目标，确保所有活动和措施都围绕这些目标展开，共同促进学生健康成长。

2. 高效利用资源

针对资源处于零散状态，缺乏整合的现状，学校家庭社会各方应整合自身资源，避免重复投入，提高资源利用效率，同时资源应根据学生的需求和目标进行精准投放。

3. 适应性

有效性原则要求保障机制必须适应不断变化的教育环境和社会需求。在具体实施中，可以通过试点项目的方式验证机制的可行性和有效性，然后逐步推广到更广泛的区域。

（二）可靠性

可靠性原则在校家社协同育人保障机制的构建与实践中具有至关重要的地位。其核心在于确保机制能够在各种条件下稳定运行，并能够充分应对各种外部环境变化和突发事件。要实现这一原则，必须从制度保障、人员保障和资源保障三方面入手。

1. 制度保障

构建一套健全的协同育人的制度和流程体系，清晰界定参与各方的职责，保障校家社协同育人机制的持续稳定运作，使协同育人工作有规可依、有法可循，促进教育生态的和谐共生。

2. 人员保障

定期对教师、家长和社区工作者等关键角色进行系统培训，全面提升其专业能力和综合素质，确保育人工作的专业性和可靠性。

3. 资源保障

确保有足够的资源投入，尤其是资金、人力、物力等。政府应加大对教育的投入，学校应合理分配资源，社会应提供支持。建立风险防范机制，应对可能出现的问题和挑战，例如，制定应急预案，应对突发事件对育人工作的影响，同时建立风险防范机制，应对可能出现的问题和挑战。

（三）协同性

协同性原则在校家社协同育人保障机制的构建与实践中发挥着至关重要的作用。协同的关键在于各主体之间的密切合作与有效沟通，主要涉及明确的分工、顺畅的沟通和行动的协同。

1. 明确的分工

明确学校、家庭和社会各方的职责和任务，避免责任不清或推诿现象，各方应充分发挥自身优势，形成互补：学校主要负责教育教学工作，家庭主要负责品德教育和情感支持，社会主要负责提供实践机会和资源支持。

2. 顺畅地沟通

建立有效的沟通，充分利用现代技术手段搭建高效的沟通渠道和合作平台，确保各方能够及时交流信息，加强校家社之间的信息交流和资源共享，确保育人工作的协同性。

3. 行动的协同

形成良好的联动，使校家社在育人工作中形成联动效应，共同促进学生的全面发展，各方应共同参与育人活动的规划和设计，协同实施育人活动，形成合力，确保活动的科学性和有效性。

三　校家社保障机制的实施路径

（一）信息匹配：协同育人的基石

信息匹配是校家社协同育人保障机制启动的基石。在“教联体”主导的多维数据采集系统助力下，能够精准捕捉学生的生存、安全与发展需求。学校通过学籍系统与家访记录，精准识别贫困学生的生存困境；借助心理测评工具与班主任观察，筛查因家庭暴力、校园欺凌导致心理创伤的个案；结合学业成绩与兴趣档案，定位职业教育、特长培养等生涯发展短板。这些信息经"教联体"平台对接民政系统的低保数据库、街道社区的家庭经济普查档案、未保站的监护缺失案例库，构建"贫困—风险"双维度筛查模型。经过交叉验证，剔除无效数据、过滤重复需求，形成动态更新的"需求图谱"，为精准施策奠定基础。

（二）需求分层：从洞察到干预的关键

需求明确化是校家社协同育人保障机制从数据洞察迈向行动干预的关键。在明确需求层级的基础上，建立"基础保障——提质扩容——战略储备"三级资源响应体系，并搭建差异化的资源响应平台。生存保障方面，"教联体"将贫困生数据推送至民政部门，系统自动比对低保政策标准，触发"救助资格预审——街道入户核查——补贴一键发放"的快速通道。生命安全层面，系统依据心理测评结果划分风险等级，对中高风险学生自动分配至未保站心理咨询师、社区卫生服务中心精神科医生等资源池，对遭受家庭暴力的学生启动"公安 + 社工 + 法律顾问"的强制干预小组，同步向家庭推送家庭教育课程以改善监护环境。生涯发展领域，"教联体"平台通过分析学生的兴趣数据与区域产业特点，统筹校内资源开设跨校选修课、共享实训基地，对接企业开发职业体验项目、引入行业导师，推动公益组织捐赠稀缺资源。这种"需求分级—资源定向投放"的模式，使保障机制从"输血式救济"升级为"造血式赋能"。

（三）资源整合：从数据共享到生态共建

资源整合是校家社协同育人保障机制从数据共享迈向生态共建的核心。在"教联体"倡导下，学校、家庭与社会力量通过机制创新深度嵌入同一生态网络。生存保障层面，学校提供精准需求清单，民政部门输出政策资金，社区动员志愿者提供日常帮扶，企业捐赠物资并开放家长就业岗位，形成"救助—赋能—脱贫"的可持续链条。生命安全方面，学校心理预警数据驱动未保站专业干预，社区社工跟进家庭监护改造，公益组织提供长期心理康复支持，司法机关强化法律震慑，构建“预防—干预—康复”的闭环。生涯发展领域，“教联体”平台作为资源调度中枢，整合学校师资课程、家庭个性化诉求、社会实践基地与资金，形成“订单式”服务。例如，博物馆依据平台预约数据设计研学路线，家长志愿者组成生涯导师库填补学校咨询力量不足。这种深度融合不仅解决资源短缺问题，还催生校企合作开发教材、社区众筹建设创客空间等创新模式，实现“资源跟着需求走，服务围着学生转”。

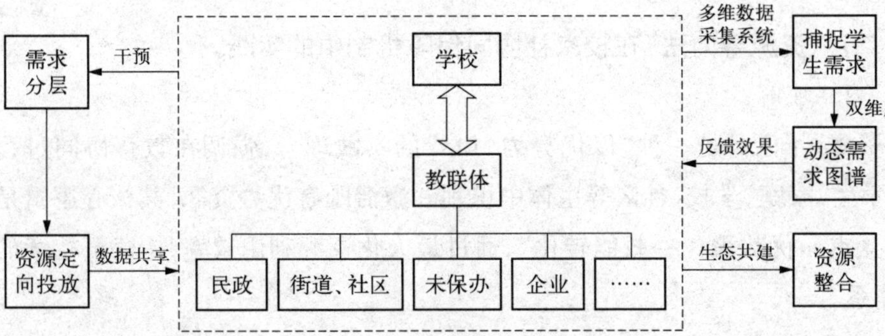

四 保障机制完善与优化的具体措施

（一）“需求导向法”在校家社协同育人保障机制中的应用

1. 内涵解读

“需求导向法”是以满足各方实际需求为出发点和落脚点，围绕学校、家庭和社会在育人过程中的多样化、个性化需求，进行精准定位、资源配置以及策略制定的一种方法。其核心理念在于充分尊重和理解不同主体的需求差异，打破传统教育模式中单一、固化的思维定式，强调从实际需求出发，灵活调整教育资源、教学方式以及合作模式，以实现教育效果的最大化，最终实现协同育人的全面达成。

2. 具体措施

（1）前期分析，精准配对。结合政策导向，通过问卷、座谈、走访等多种形式调研，充分了解各方需求，寻求落脚点，多方协调联动，引入专业团队，形成育人合力。

(2) 资源整合，协同发力。加强联动，灵活链接三方资源，合理调配，实现同频共振，全方位满足协同育人的多元资源需求。

(3) 联动监督，质量保障。开展动态跟踪评价与反馈，形成多方协同监督管理机制，确保资源投入精准有效，形成教育合力，提升协同育人高质量发展。

详见实践案例10：“茶香润童心，和美共育人——以‘需求导向法’构建协同育人保障机制的实践探索”。

(二)“资源导向法”在校家社协同保障机制中的实践

1. 内涵理解

“资源导向法”是一种“以优势为中心”的实践理念，强调在教育协同过程中，从学生、家庭、学校、社区等主体中识别并激活既有优势资源，其核心逻辑是“资源盘点→优势聚焦→效能转化”，通过最大化资源利用效率，构建可持续的供给体系。

2. 具体措施

(1) 资源盘点：盘点校内存量资源，寻求外部可接入资源，寻找“存量资源”和“可接入资源”的优势。

(2) 优势聚焦：识别并激活现有资源的优势，并聚焦各方优势，如学校的优势、家庭的优势、社区的优势。

(3) 效能转化：通过校园特色课程或活动增强校家社协同育人合力。

详见实践案例11：“我是张江娃　徒步张江路——立足‘三区一位’筑实协同育人保障机制的实践探索”。

(三)“根系互联法”在校家社协同保障机制中的实践

1. 内涵理解

校家医社心理危机干预中的“根系互联法”是一种多方协同的心理危机干预模式，其核心是将学校、家庭、医院、社区四方力量整合为一个有机整体，形成相互联系、相互支撑的网络体系，共同关注学生的心理健康。其中，“根系”代表学校、家庭、医院、社区这四个关键的支撑点，是心理危机干预工作的基础和力量源泉；“互联”则强调四方之间的紧密联系与互动，通过信息共享、资源互通、工作联动等方式,实现对学生心理危机的有效预防、及时发现和科学干预,最终保障学生生命安全。

2. 具体措施

(1) 建立沟通协作机制:由教育部门牵头,联合卫健、民政等相关部门,定期召开联席会议,共同商讨心理危机干预工作中的重大问题,制定工作方案和计划,明确各方职责和任务,加强协作配合。

(2) 加强专业人员培训:学校、医院和社区共同组织心理健康教育教师、班主任、校医、社区工作人员等参加专业培训,邀请心理危机干预专家进行授课,提高其专业知识和技能水平,使其能够准确识别心理危机信号,掌握有效的干预方法和技巧。

(3) 开展心理健康教育:学校将心理健康教育纳入日常教学内容,开设心理健康课程、举办心理健康讲座、开展心理拓展活动等;家庭通过亲子互动活动、家庭教育培训等方式,帮助家长树立正确的教育观念,提高心理健康意识;医院和社区则开展科普宣传,向社会大众普及心理健康知识,营造全社会关注心理健康的良好氛围。

(4) 完善信息共享平台:建立统一的心理健康信息管理平台,学校、家庭、医院、社区及时将学生的心理健康状况、心理危机事件等相关信息录入平台,实现信息共享。

(5) 实施联合干预行动:当发现学生存在心理危机时,学校立即启动心理危机干预预案,通知学生家长,及时将学生送往医院进行专业诊断和治疗;医院开通绿色通道,确保学生能够得到及时、有效的救治;社区则配合学校和医院,对学生进行跟踪服务和康复支持,帮助学生尽快恢复心理健康。

详见实践案例 12:"根系交织处,静待花开时——基于'根系互联法'的校家医社心理危机协同干预模式实践探索"。

五 结论与展望

校家社协同育人保障机制作为教育治理现代化的创新实践,通过初步构建"制度保障为基、技术赋能为翼、多元共治为核"的立体化框架,重塑新时代育人生态。该机制以学生成长需求为中心，通过信息匹配精准识别教育诉求，依托分层机制实现资源靶向供给，借助数字技术推动校家社三维联动，形成了教育资源优化配置与社会治理效能提升的双向赋能格局。

当前实践表明，这一机制已初步实现三大突破：其一，以区块链技术为支撑的资源确权体系，推动社会教育力量形成可持续参与模式；其二，基于学生数字画像的智能预警系统，构建起覆盖学业、心理、生涯的全维度成长防护网；其三，元宇宙等虚实融合技术的应用，开辟了家庭教育指导与社会实践的新场域。不仅有效缓解了教育资源的结构性矛盾，更在促进教育公平、完善发展支持体系方面展现出独特价值。

面向教育现代化的战略目标，保障机制建设还需在三个维度持续深化：政策层面强化《中华人民共和国家庭教育促进法》的校本转化，构建企业教育贡献指数等创新性制度工具；技术层面加快学校数智化转型中枢建设，完善基于多源数据的动态监测体系；治理层面培育认证评估、质量监测等专业力量，构建数据伦理与教育伦理双重防护机制。唯有坚持制度创新与技术变革双轮驱动、治理升级与人文关怀协同并进，方能真正实现学校教育固本、家庭教育培元、社会教育铸魂的协同育人新格局，为培养担当民族复兴大任的时代新人提供坚实保障。

案例 10

茶香润童心，和美共育人

——以“需求导向法”构建协同育人保障机制的实践探索

一、实施背景

上海市黄浦区回民小学是区域内唯一一所拥有 90 多年历史文化的民族学校。多年来，学校始终秉承民族教育发展，以铸牢中华民族共同体意识为核心，积极探索构建校家社协同育人的教育模式，助力每一位学生健康茁壮地成长。

但是，随着时代的发展，校家社协同育人已成为建设高质量教育体系的重要命题。那么，作为一所有着深厚文化底蕴和实践基础的民族学校，如何在原有的校家社协同育人模式中有所突破，通过创新做法来不断促进校家社之间更为紧密地结合，发挥彼此间有效的协同作用，将各自的资源最大化，更优化，满足不同层次学生的需求呢？

为此，学校紧紧围绕茶文化，在构建校家社协同育人机制中，努力寻求突破点，深入分析学校在课程建设、师资培养等方面的需求，充分考虑家庭在亲子教育、家长成长方面的需求，以及社会在文化传承、人才培养方面的需求。通过对这些需求进行梳理、汇总和把握，以满足学校、家庭和社会各方在育人过程中的多样化、个性化需求为出发点和落脚点，进行精准定位、资源配置以及策略制定，有针对性地开展教育教学活动，使得校家社协同育人工作顺利开展，全面提升学校的教育教学质量。

二、实施步骤

（一）依据政策，确保落地

学校在实施前，认真学习贯彻有关精神和文件要求，充分分析学校现状以及优劣态势。如学校民族教育特色鲜明，催生了对社会资源的强烈需求。如学校面对多民族生源、学生背景差异大带来的课程建设挑战，仅靠校内师资及有限资源难以打造出贴合校情、学情的优质课程。又如学校开发“茶韵飘香”课程时，也遭遇了课程深度挖掘等瓶颈。为了确保校家社协同育人机制能更好地发挥有效作用，促进学生的健康发展，学校由被动变主动，将目光投向社会，寻求专业支持。尝试与传统文化研究相关的机构合作，邀请专家参与课程设计，为传统文化融合教学提供理论指导；联合社区非遗传承人走进校园，传授民族技艺，如民族茶艺、民族手工艺等，丰富课程实践内容，满足学生个性化发展需求，同时借助社会力量提振学校品牌特色，夯实协同育人基础，确保各项教育政策在基层学校能够扎实落地。

（二）整合资源，形成合力

从学校的地理位置来看，学校地处老城厢，毗邻豫园，有着丰富的社会资源和天然优势。这里历史文化底蕴深厚，犹如一座蕴藏无尽宝藏的富矿。所以，学校在经过前期的分析、寻访、调研之后，深感周边分布着众多历史古迹等文化资源，无一不是生动鲜活的教育素材，更是开展校家社协同育人非常好的载地文化资源。学校敏锐洞察到这一地域优势，积极与这些场馆建立合作关系，如上海博物馆、恒源祥有限公司、豫园湖心亭、上海春风得意楼等，依据不同年级学生认知水平与课程需求，量身定制参观学习计划，将社会资源转化为校本课程实践内容，让学生走出书本，触摸历史，感受民族文化多元魅力，为校家社协同育人开启知识大门。学校与相关管理部门达成合作协议，定期组织学生开展实践研学活动。一方面，它能够整合硬件资源，协调社区活动中心、文化场馆等场地，在课余时间向学校开放，为学生拓展学习空间。另一方面，学校又能够汇聚各类人力资源，搭建起专家、志愿者与学校育人实践之间的桥梁，全方位满足校家社协同育人的多元化资源需求。

（三）反馈评价，持续发力

学校与社会、社区资源的融合共享，在很大程度上满足了不同学生的需求。但是，为了确保校家社协同育人机制能在实践中发挥有效作用，监督管理保障作用也是十分重要的一环。学校在实践的过程中，与各部门建立多部门参与的联席会议制度，通过各方资源配置的协调，共同研讨协同育人过程中出现的问题并制定解决方案。这些为协同育人的有效发展，合力发展、合规发展起到重要作用。如学校联合家长代表、社会监督员组成评估小组,对实施计划,课程开展情况、教师培训成效、家校沟通频率等指标进行量化考核。同时,学校通过家访、家长会、问卷星、课程开放评价等方式,了解家长参与亲子活动、学习家庭教育知识等情况,请专业人士走进校园开展专业指导,督促家长履行教育责任。对于社会力量参与育人的情况,进行跟踪评估和信息反馈,不定期地召开课程老师工作会议,了解实施情况,确保资源投入精准有效,不断推动校家社协同育人能更贴近和满足学生需求。

三、主要做法

学校在构建以茶文化为特色的协同育人保障机制中稳步推进,积累了丰富经验。

(一)学校维度:以茶文化为核心的多元育人举措

1. 以文化人,茶润童心

作为一所民族教育为特色的学校,校园茶文化特色也已经走过了二十多年的发展历程,从“星月”茶艺小队起步,最初以兴趣小组的形式开展茶艺活动,为学生提供了接触茶文化的初步机会。后来发展成少儿茶艺,将茶文化教育系统化,面向更广泛的学生群体,使其成为学校教育的一部分。随着时代发展,学校又将少儿茶艺不断迭代升级,形成了品牌特色课程——“茶韵飘香”课程。经过多年的探索和积累,茶文化教育逐渐成熟,成为一门完整的课程体系,并获得了黄浦区首批德育共享课程的荣誉。在实践过程中,学校的茶文化成为滋养教师师德的重要源泉。中国古代传统茶礼中的“俭、清、和、静”理念,深刻影响着学校的教育教学氛围。学校从这些理念出发,培育学生的内在气质,引导家长的处事方式,塑造教师勤俭朴实的工作作风。通过开展教师学茶艺、参与“茶艺沙龙”等活动,不断提升教师的专业技能,更在学习茶道的过程中,让教师们领悟到茶文化的真谛,这种学习的过程丰富了教师的知识和技能,还提升了教师的人文素养,并在全员导师制中予以显现。例如,在“慧心”导师制中,茶文化所构建的人文关怀理念贯穿始终。导师们在茶韵空间与学生倾心交流,通过以茶为媒介拉近师生距离,在品茶、学茶的过程中,师生的沟通更加顺畅,师生的关系更加融洽,为个性化教育奠定了坚实的情感基础。

3+1 “慧心”导师工作模式

栏　目	记　录	呈　现
慧聚走心	一次生动的家访活动	一张互动的温馨画面（照片） 一段温馨的感人话语（音频或视频）
慧语暖心	一次暖心的谈话交流	一次难忘的——我和我的导师（谈心记录） 一次珍贵的——我和我的伙伴（心情晴雨表）
慧爱促行	一次亲切的书面反馈	一封真挚的微语（反馈语） 一张幸福的全家福（年级或班级或小组个性化展示）
崇本慧师	一次与众不同的牵手（特殊学生）	党员手拉手（慧心陪伴语） 团员手拉手（我想对你说） 心理团队手拉手（导师心语录） 助力团队手拉手（协作块专业资源，暖心师语）

茶文化滋润对学校教育产生其他诸多方面影响。如在学生发展方面，学校以茶文化理念帮助学生在学习茶艺的过程中培养良好的品德和修养，特别在学生的行为规范上，学校将茶文化精神融入学生的礼仪之中，起到好的作用。同时，学校独创的茶操、茶礼也在一定程度上规范着学生的言行，内化于心，彰显于行，人人争做优雅得体的礼仪好少年，全面提升了学生的综合素质。在家长方面，学校将茶文化理念延伸到对家长的引导上，帮助家长树立正确的教育观念和处事方式，形成家校共育的良好氛围。如通过亲子学泡茶、最美小茶人、我来敬杯茶等活动让家庭氛围在这浓浓的茶香中更香醇、更和美。在教师成长方面，茶文化不仅滋养了教师的师德，还促进了教师的专业成长，教师的内在素养也在这一杯杯茶中不断积淀，使教师在教育教学中更加注重人文关怀和个性化教育，提升了教育教学质量。

“中国娃过中国节”亲子学泡茶体验表

节　庆	茶　　道	实 践 过 程
元宵节	传统元宝——祥和茶	向父母、长辈敬上元宝茶，表达美好祝愿。
端午节	碧波金莲——喜庆茶	伙伴间互敬清凉提神的碧波金莲，互帮互助互勉励。

续 表

节 庆	茶 道	实践过程
中秋节	金桂玉潽——团圆茶	向亲人敬一道金桂玉普团圆茶，表达自己心声。
重阳节	杞菊延年——敬老茶	向老人们敬上枸杞延年茶，表达爱心。

2. 借助资源，丰富途径

以“茶韵飘香”特色课程——“小茶人乐享茶馆”为例，在实现校家社协同育人的过程中，学校以“茶韵飘香”课程实践中一个重要实践点——“小茶人乐享茶馆”场馆体验活动为载体，通过“豫园寻访”场景为行走主线，让学生们手持小茶人游学单，到豫园湖心亭茶馆开展社会研学活动，丰富学生的实践经历。学生通过场馆情景学习，实地寻访，了解到湖心亭日常工作场景，学习工作人员的日常工作，感受了一回职业体验，并在任务单中，学习说一说“绿波廊茶点”、找一找“上海老茶馆特色”、画一画“湖心亭茶楼的茶馆建筑”、品一品“心中的好茶”、辨一辨“老上海特色茶壶”等，体验乐享老场馆所带来的快乐。

其次，学校又把“小茶人乐享茶馆”的湖心亭模拟场景延伸到校内，创设湖心亭这样一个茶馆情景，让学生置身于真实的茶馆环境中去学习和体验。这样的场景创设，给学生带来别样的体验和感受。同时，学校还将校内习得的技能到湖心亭真实场景中去实践，又将湖心亭中感受到的知识、技能运用到校内的教学活动中，让学生们学会和伙伴们分享、交流。这种情境式、自主性、探究性实践体验，让学生在结果输出的多元性中获得不一样的感受。不仅增长了知识，还培养了对传统文化的热爱之情。

	模 块	主 题	实践场馆
小茶人体验之旅	茶馆地图寻访	老茶馆寻访游	湖心亭、老上海茶馆、春风得意楼
		新茶馆探究游	叙友茶庄、秋萍茶宴馆、得和茶馆
		未来茶馆探究游	概念茶馆
	让我为您奉杯茶	小茶人进军营	武警十中队一支队（国旗班）
		一杯清茶祭孔	文庙

（二）家庭维度：以茶文化为渠道的亲子关系与家风传承

1. 亲子沟通的桥梁

茶文化为家庭亲子关系的改善搭建了温馨桥梁。学校开展的亲子学泡茶活动成为家庭生活中的亮点。在“知礼仪、学茶艺、扬家风”课程体验中，家长与孩子携手共泡一杯茶，从选茶、温杯到奉茶，每一个步骤都充满了亲子互动的温馨瞬间。如在传统节日元宵节中，孩子向长辈敬上亲手泡制的传统元宝——祥和茶，传递美好祝愿，在茶礼的熏陶下，学会尊重与感恩。家长在与孩子共同探索茶艺的过程中，更加关注孩子的成长心声，家庭氛围愈发和谐融洽，为家庭教育注入了新的活力。通过各类茶事活动，许多家庭的亲子关系得到了明显改善，家长和孩子之间的沟通更加顺畅，孩子的性格也变得更加开朗自信。

2. 家风传承的载体

茶礼所蕴含的“俭、清、和、静”精神，已成为家风传承的重要载体。家长在日常品茶、论茶的过程中，将这些传统美德潜移默化地传递给孩子。教导孩子在生活中秉持节俭朴素之风，面对困难保持清正廉洁之态，与人相处追求和睦融洽，内心修养追求恬淡安静。家庭茶桌上的点滴教诲，伴随孩子成长，塑造其正确的人生观、价值观，让优良家风代代相传，更在日常生活中，无声无痕地践行着茶礼所蕴含的美德，成为家庭教育非常好的育人载体。

（三）社区维度：以茶文化为聚焦点的育人合力形成

1. 文化传播的纽带

在社区层面，茶文化成为连接学校、家庭与社区的重要纽带。学校依托“茶韵飘香”课程，组织师生走进社区开展茶文化推广活动。社区千人品茶会热闹非凡，校“红石榴”宣传队也借此机会，以茶为切入点，向居民讲解传统文化与茶艺融合之美，传播中华传统文化的魅力。如在上海文庙诗词会、市区传承文化展示月等活动中都能看到小茶人的身影。同时，学校也会邀请社区居民参与学校节庆文化中的茶艺体验活动，如中秋节的金桂玉潽——团圆茶品鉴等，让社区居民亲身感受学校教育的活力，增进对学校育人理念的认同，吸引社区力量主动融入育人体系，丰富社区文化生活内涵。通过这些活动，社区居民对学校的了解和支持度明显提高，许多居民主动参与到学校的育人工作中，为学生提供实践机会和指导。

2. 实践拓展的平台

在互动互享的实践过程中，社区也为学校茶文化育人提供了广阔的实践平台。如豫园湖心亭茶馆、上海老茶馆等，以及与学校建立共享关系的上海恒源祥有限公司、上海昆曲团等单位都成了学生校外实践的重要基地，学生在此开展志愿者服务公益活动，担任小小茶艺讲解员，锻炼社交能力与社会责任感。学校与社区合作举办的各类茶文化主题活动，如茶艺比赛、茶席共赏、小茶人游乐茶馆、小茶人红色研学等，让学生将校内所学知识在真实场景中充分展示和实践，进一步强化了校家社协同育人效果，赢得了广泛好评。

四、取得成效

（一）协同育人更加稳固

茶文化精神深深影响着学生，使他们在生活中待人接物谦逊有礼，面对困难沉稳坚毅，积极参与社会实践，综合素质得到了显著提升，同时也促进校家社三方协同育人机制在“需求导向法”的推动下愈发稳固高效。

（二）亲子关系更加和谐

学生学会了尊重和感恩，家长也更加关注孩子的内心需求，家庭氛围更加温馨和谐。许多家长反馈，参与亲子茶艺活动后，孩子变得更加懂事，家庭中的矛盾和冲突明显减少，亲子关系更加亲密，促进了家庭教育质量的提升。

（三）各方联动更加深入

这些活动增进了社会、社区居民之间的感情，促进了彼此间的和谐发展。许多社区居民表示，这些茶文化活动让他们的生活更加丰富多彩，也增强了他们对社区的归属感和认同感。同时，社区居民对学校育人理念的认同度不断提高，主动参与到学校的教育教学活动中，为学校的发展提供支持和帮助，形成了校家社协同育人的强大合力。

（上海市黄浦区回民小学　王慧）

案例 11

我是张江娃 徒步张江路

——立足"三区一位"筑实协同育人保障机制的实践探索

研学旅行,是新时代背景下的科学教育方法之一,是一种研究性学习和研学性体验相结合的校外教育活动,也是学校教育和校外教育相结合的一种创新形式。按照教育部和国家发展改革委《关于推进中小学生研学的意见》的指导精神,研学的开展需要根据区域特色、学生年龄和教学需要,通过集体研学的方式走出校园,在校外环境中拓宽视野、丰富知识,加深与大自然以及人文的亲近,能有效增加对集体生活方式的体验,提升学生的自理能力、创新精神和实践能力。

基于校家社协同育人理念的实践框架,建立科学有效的保障机制是保证研学旅行顺利开展的重要条件。张江高科实验小学立足张江区域特色,以资源整合为纽带,利用"学校—家庭—社会"三方相互协作力量,打造多方力量参与的育人共同体。一方面,充分利用学校的地域优势以及张江科学城的科技、生态、文化等资源,将研学旅行内容融入有特色的地域实践活动之中;另一方面,通过教联体的联动机制,将学校与社区、张江高科园区等多方面资源整合在一起,以教联体的发展带动学生素养发展,让学生的素养发展有了更多可实践的根基。

一、三区一位开新局,校家社共铸育人魂

学校拥有香楠和藿香两个校区,均坐落于张江高科技园区这一创新高地。香楠校区地处张江高科园生活区核心地带,坐落于香楠路与丹桂路交会处,周边配套设施完善;藿香校区则位于张江高科园集成电路产业港内,地处藿香路与祖冲之路交界口,毗邻众多高新技术企业。

张江高科是国家级高新技术产业开发区,既是建设上海具有全球影响力的科技创新中心的核心承载区,也是科技与人文交相辉映的创新沃土:聚集了国

内外一批知名企业，高端科研机构以及所在行业领先水平的技术人才。值得一提的是，学校诸多学生家长也是这片创新热土的建设者和贡献者，他们在推动科技进步的同时，也与学校携手共同培育下一代创新人才。

学校扎根于具有独特区位优势的张江高科技园区，创新构建"三区一位"新育人格局。"三区"即：学区——香楠与藿香两大校区各具特色，是学生日常学习的学区；园区——家长工作所在的各类高新技术产业园区；社区——包含学生日常成长的社区环境；"一位"指的是以学生成长为中心的发展思想。独特的区位优势造就了张江高科园区成为优质学区、高新技术产业园区，更是一个集教育、科研、生活于一体的新型创新生态社区，为家长与孩子提供了共同成长的理想之所。

在"三区一位"这一框架下，学校充分发挥校区、社区、园区三方协同优势：把科技创新资源转化为校本特色课程，将办学特色创新整合为协同育人特色项目，让校区的教育教学成果反哺社会发展。学校建立"三区一位"保障机制，实现校区、社区、园区无缝衔接，形成资源联动。

二、保障坚实筑基石，护航协同育新篇

学校始终坚持将校家社协同共育作为立德树人的根本任务和开展各类教育教学活动的基础，构建"学校主导、家庭主体、社会支持"的校家社协同育人保障机制。这一机制旨在通过加强学校、家庭和社会之间的沟通与合作，形成良好育人生态，营造良好育人环境，为学生的成长和发展提供有力支持。

在教育领域的不断发展进程中，学校以"校家社'三区一位'融创育人"为目标，通过资源整合、优化配置等途径来保证校家社协同育人工作的有效落实，为促进学生德智体美劳全面发展筑牢基础；同时将构建常态化校家社协同保障机制，实现"学校主导、家庭主体、社会支持"的立体化育人格局。

为强化组织保障，学校成立了包括校领导、社区领导及家长代表等在内的协同育人管委会；学校和张江高科园区成为共建单位，建立"校社资源双向开放"的工作机制，邀请园区内一批科研人员组建协同育人导师，共同研发特色课程模块。

从制度保障方面看，建章立制是保障家庭教育得以有效推进的基础性工作。

学校建立健全了有关的家庭教育制度保障体系，涵盖了家庭教育工作的方方面面。通过上述完备的制度，真正意义上保护了家长在开展家庭教育工作时的基本权利，也为家长更好地参与到学校的教育教学工作中打下坚实的基础，同时也为教师参与家庭教育工作提供了强有力的制度保障。

在资源保障方面，学校打造"校家社资源云平台"硬件设施，利用张江社区、张江高科技园区等社会实践基地，集合成包含劳动实践、职业体验、生态文明教育等多种元素在内的"City walk"路线；搭建"家长人才库"等人力设施，基于家长人才库分设不同的专业类目（比如科技、医学、艺术、金融等），对接校本课程需要，并形成"点单式"的授课模式：比如由医生家长讲授生命教育课，由导演家长开设影视艺术课，由工程师家长讲授人工智能课。

在师资保障方面，为建立高质量家庭教育指导队伍，学校针对不同教龄、不同专业背景和不同家庭教育指导经验的教师，设计分层化、高质量的培训课程体系，并逐渐形成稳定的家庭教育指导队伍，构建人人都能参与的家庭教育协调共建机制，切实确保家长在家庭教育过程中的基本权益得到充分尊重与保障，为家长深度参与学校教育奠定坚实基础。

此外，学校通过家长学校、家长委员会等多种形式带动全体老师、全体家长参与到家庭教育工作当中；家庭发挥着家庭教育的基础性作用，积极配合学校开展延伸性和拓展性的教育活动；与此同时，学校主动吸纳社区组织，专业教育机构等社会力量参与，汇聚各方资源，凝聚教育合力，共同助力学校融创育人新模式的持续优化与完善。此外，学校组织、管理、保障学校家庭教育工作发展的一整套机制也为学校家庭教育工作的良好发展起到了支撑和保障作用，学校与家庭"协同共育，探索校家社'三区一位'的融创育人新模式"的总目标在不断地得到落实和发展创新。

三、高效实施提质效，校家社共育谱新章

路名作为一个地方的地理元素，承载着悠久的历史积淀。张江以科学家命名的道路共有 18 条，在张江园区形成了一个独一无二的人文地标，其中中外科学家各占一半，东西向道路以中国科学家命名，南北向道路以外国科学家命名，体现着中外科学文化的纵横交错、兼容并蓄的景象。基于这一资源优势，学校创

新开展“我是张江娃 徒步张江路”City walk 活动，通过“行走的课堂”形式，让学生在实地探访中感悟科学精神。

（一）教师专业引领，打造精品研学路线

在“我是张江娃 徒步张江路”研学实践里，教师担当着关键引领角色。学校凭借标准化管理举措，保障教师能高效开展、推进活动。在活动筹备阶段，教师运用专业且全面的教育技巧，为学生讲授系统分析、路线规划知识。在路线规划进程中，引导学生充分考量交通顺畅程度、学习资源布局、时间统筹安排等要素，锻炼学生的系统思考与规划素养。历经多轮研讨、实地调研，一条兼具教育价值与人文底蕴的“City walk”路线最终成型。

在实地走访中，学生通过路名与科学家“对话”——

中医药之路：李时珍尝百草著《本草纲目》，华佗以“麻沸散”开创外科麻醉；

四大发明之路：蔡伦造纸、毕昇活字印刷，书写文明传播的壮丽史诗；

世界科学之路：居里夫人两夺诺贝尔奖，高斯精准计算星辰轨迹，爱迪生用电灯点亮黑夜……

徒步张江路的每一刻，都是一场与科学巨匠的促膝长谈——

李时珍路上，草木清香犹在，传递着《本草纲目》的济世情怀；

高斯路旁，数学公式在阳光下闪烁，映照“数学王子”的理性光芒；

居里路的梧桐叶沙沙作响，仿佛低语着放射性元素发明的艰辛历程。

孩子们触摸着路牌上的名字，仿佛能听见科学家们的智慧低语——李时珍采药的沙沙声、毕昇排版时的嗒嗒响、居里夫人实验室的仪器轻鸣。这些镌刻在路名里的科学故事，正化作一颗颗梦想的种子，悄悄播撒在孩子们心田。他们穿梭于岁月的长河，参观先贤故居，走进著名实验室，与这座城市紧密相连，感受着它的底蕴与魅力。

（二）家长深度融入，建立家校共育新途径

学校在协同育人实践活动中深刻认识到家庭教育对孩子成长的作用是不可低估的。鉴于此，学校联合家委会采取各种线上、线下平台展开工作，对不同年龄段的家长，对不同教育方法的家长，定时地提供家庭教育方面的智慧。

由于一年级的孩子年龄小，对地理空间还缺乏明确的概念，对科学史也缺乏一定的了解，学校系统整合家长资源构建家长微型课程，具有不同专业背景的家长群体化身为“移动知识库”，开设了一系列有关张江家长微型课程。一位土生土长的张江爸爸主动请缨，带来了一堂题为“走进张江的路”的家长微课堂。他生动地介绍了张江的地形、面积、人口等基本情况，孩子们听得津津有味，不仅增长了知识，也对家乡的地理环境有了更直观的认识。一位在张江高科技园区工作的妈妈也积极响应，为孩子们带来了一堂别开生面的“探秘张江科学家”家长微课堂。她不仅为同学们详细讲述了中外科学家的故事，还准备了生动的小视频、精美的图文资料，以及操作便捷的小实验。孩子们被这些充满智慧与坚持的故事深深吸引。

家长微课堂宛如给孩子们搭建了一个广阔的成长平台，带领孩子们用脚步丈量张江的大道，用心去感受铺满路名的小径，靠近那些被道路记载了姓名的张江科学家们。这是一次走近教育环境中的参观考察探究性学习，正因为这样更合乎孩子与生俱来的童真与好学的天性。

在“我是张江娃 徒步张江路”活动中，家长角色也由过去的陪跑者变成当下的合作者，与学校一道形成合力。活动设计阶段，张江本地家长参与路线考察，结合职业背景优化内容；活动实施阶段，家长以“讲解员”的身份全程陪同学生，观察和记录学生的学习过程；活动结束以后，家长则又引导孩子整理见闻，展开交流，角色从单纯的家庭支持者变成“资源链接者”“教育协作者”：既通过复盘帮助孩子更深入地认识熟悉的科学城园区，又在亲子徒步的共同探索中，自然而然增进家庭成员的情感联结。

（三）社会资源整合，拓展实践教育新场域

“行走的课堂”是受学生欢迎的，能让学生成为广阔世界舞台上的探路者。张江高科技园区内 18 条以中外科学家命名的道路形成的“横中竖外、学贯中西”的科教长廊，成为开展“行走的课堂”得天独厚的自然教室；园区企业深度融入育人的过程之中：开放企业园区和场所让社会公众在园区内享受研学之旅；企业科研人员还走进校园承担“研学导师”职能，把枯燥乏味的专业理论知识转化为可接触、可视化的实践体验。孩子们在假期同自己的父母参观张江集电港、张江软件园、中医药大学博物馆等著名之地，逐步学会将所学知识与实际体验相结合。

社区构建起坚实的支持网络：为弘扬科学家精神，组织科技工作者走进学校与孩子们开展交流，让更多的孩子有机会成为科技创新小使者。沿街商铺成为充满温情的“City walk 驿站”；居委会组织志愿者与孩子共同采撷收集“路名故事”，更好地诠释“我是张江娃 徒步张江路”的主题活动，提升主题活动的文化内核。

（四）保障机制创新，提升实践育人实效

“我是张江娃 徒步张江路”实践活动搭建起了学校与社会资源双向流通的通道。当学生用一张张张江游览线路图为社区增添一抹色彩，向社区宣讲这条路的由来时；当他们满怀豪情，洋溢着自信投入一场场科学家的故事展演之中时，知识不再是纸上谈兵，他们自然而然地迈出了从“知”到“行”，实现了“知行合一”的关键一步。

“我是张江娃 徒步张江路”活动是一个不断创新，实现突破的过程，也是一个广阔的交流、思考空间。通过“学校主导—家长协作—社会支持”的协同育人模式，形成了多方联动的教育新生态。学校充分发挥专业优势，顶层设计“我是张江娃 徒步张江路”City walk 课程体系，统筹将学科知识与实践活动相结合；家长从单纯的旁观者转变为积极的“教育合伙人”，为学校活动的开展集思广益、建言献策，提供专业支持，做好活动资源保障；同时张江园区联合社区构建全链条支持网络，成为支撑育人的新纽带，将原先具有一定封闭性的张江科学城转化为立体化学习场域，共同搭建起校内外衔接的育人平台。

当研学旅行遇上校家社协同，“行走的课堂”成为沟通学习与生活的纽带。一种“专业引领—家庭协同—社会保障”的保障机制创新让土生土长的“张江娃”在行走中读懂家乡的科技基因。新加入的“小小上海人”讲述着家乡的故事，三代同堂家庭共同绘就“科学城变迁图谱”。不仅如此，本地的老住户看着这片从前杂乱无章的阡陌农田变成了今天的科创高地；新一代的建设者用汗水与热血浇筑“东方硅谷”，而孩子们——这些未来的科学家、工程师——正透过路牌与先贤对话。科学精神如蒲公英的种子，在三代人的足迹间随风播撒。这片承载了未来希望的“东方硅谷”，也是乐于学习探索、一路走来的少年们将来担当大国重任的热土……这种浓厚的科学气息已经深深地飘散开，在一代代的脚步声里播撒开了它的种子……

（张江高科实验小学　徐留芳）

案例 12

根系交织处，静待花开时

——基于“根系互联法”的校家医社心理危机协同干预模式实践探索

一、“根系互联法”的实施背景

（一）青少年心理健康危机的严峻性

近年来，青少年心理健康问题已成为全球性公共卫生挑战。根据《中国国民心理健康发展报告（2021—2022）》，我国青少年抑郁检出率为 24.6%，其中重度抑郁占比 7.4%，且随年龄增长呈上升趋势。另据世界卫生组织（WHO）统计，自杀是 15—29 岁人群的第二大死亡原因，而心理危机是自杀的主要诱因之一。单一机构（如学校或医院）的“碎片化”干预模式，难以应对复杂心理危机（如家庭系统阻抗、社会支持缺失）。

（二）教育生态系统的迫切需求

家庭功能弱化：亲子沟通断裂、家长教育焦虑加剧，导致“隐瞒文化”盛行。

社会资源分散：医疗机构、社区服务与学校教育缺乏有效联动，危机响应滞后。

政策推动：教育部《关于加强学生心理健康管理工作的通知》（2021 年版）明确提出“加强结果管理，提高心理危机事件干预处置能力，大力构建家校协同干预机制。积极争取专业机构协作支持”。但缺乏可落地的系统性方案。

二、“根系互联法”的内涵解析：从理论到实践的逻辑重构

（一）理论基础：生态系统理论的在地化创新

“根系互联法”以布朗芬布伦纳（Bronfenbrenner）的生态系统理论为根基，将学生心理发展视为嵌套于“微系统（家庭、学校）—中系统（家校互动）—外系统（社区、医疗）—宏系统（政策、文化）”中的动态过程，并在此基础上提出三大创新：

根系网络化：将校家医社视为相互交织的“根系”，通过责任共担与资源互补，形成支持闭环。例如，学校提供行为数据，医院提供诊疗方案，社区补充社会支持，家庭落实日常监护。

动态适配性：根据学生需求变化，实时调整干预策略，避免“一刀切”模式。例如，对因家庭暴力导致抑郁的学生，优先启动法律干预而非单纯药物治疗。

人文科技融合：数字化工具（如情绪监测系统）与柔性策略（如家长沙龙）协同作用，提升干预温度。

（二）核心内涵与运行逻辑

1. 全人发展视角

关注学生的心理、生理、社会关系等多维度需求，避免“头痛医头、脚痛医脚”的碎片化干预。

2. 生态化支持网络

学校、家庭、医疗机构、社区如“根系”般交织，学校主导预警、家庭参与干预、医疗提供专业支撑、社区补充社会服务，形成责任共担的闭环。

3. 柔性渗透

通过心理健康教育、家长沙龙等活动替代强制干预，消除心理问题的病耻感，提升家庭主动求助意愿。

三、“根系互联法”的实施路径：从根系构建到开花结果的八大步骤

阶段一：根系构建——分级预警与资源整合

步骤 1：建立预警机制。

朋辈监测：通过霍兰德职业兴趣测试（社会型高分）、16PF 个性测验（乐群性高），结合情景模拟（如“倾听焦虑倾诉”场景）选拔心理委员。每日填写《班级心理日常记录表》，记录同学情绪波动、异常言论（如“活着没意思”）、自伤行为等，每周汇总至心理教师；

教师观察：班主任、导师、任课教师关注学生学业骤降、社交退缩等信号，启动越级上报流程；

量表普测：依托医教结合项目，由心理医生使用《抑郁自评量表（SDS）》《焦虑自评量表（SAS）》进行全员筛查，每年 1 次。对量表得分达到甚至超过临界值

的学生，由心理教师协助精神科医生采用《DSM5》标准进行面谈评估，明确诊断（如抑郁障碍、焦虑障碍）；

学校响应：分三级响应预案。一级（轻度），心理教师介入个体访谈，制定《安全承诺书》；二级（中度），启动家校沟通会议，联动社区社工；三级（高危），立即启动医教协同绿色通道，转介至精神卫生中心。

步骤 2：校家医社签约。

签署《协同工作章程》，明确各方职责（如学校主导预警、家庭参与监护、医院提供诊疗服务）。通过医教协同平台，共享危机学生服药记录、咨询进展等数据。

阶段二：根系延伸——分层干预与动态支持

步骤 3：高危层医疗急救。

快速转介：通过医教绿色通道，将高危学生（如自杀倾向）转至精神卫生中心，启动药物或住院治疗；

家庭干预：家长做好安全监护，移除危险物品（刀具、药物），转变教育理念和方式，配合医院专业治疗。

步骤 4：中低危层生态浸润（如学业焦虑）。

个别咨询：心理教师或其他社会专业人员每周 1 次个体咨询，采用认知行为疗法（CBT）矫正非理性信念；

团体辅导：开展情绪管理 CBT 团体课程，每周 1 次，每次 90 分钟；

朋辈支持：心理委员给予关爱，帮助其释放压力，协助班主任构建班级支持环境。

阶段三：根系滋养——动态追踪与成效巩固

步骤 5：数字化赋能。

情绪监测：分析学生生活中及网络中发言的关键词（如“绝望”“解脱”），实时预警风险；

区块链隐私保护：加密存储干预记录，确保数据安全与合规。

步骤 6：闭环评估与调整。

量化评估：制定《学生心理安全档案》，动态记录抑郁量表得分、家庭互动评分；

文化辐射：整理成功案例，用于家长沙龙与教师培训，推动“心理求助=勇敢”的认知转型。

阶段四：根系深化——政策倡导与能力建设

步骤7：政策标准化。

机制保障：制定《校家社医协同工作章程》，明确各方职责与协作流程；

专业能力建设——

教师培训：为全体教工和班主任定期开展危机识别与沟通技巧培训；

家长教育：通过家长学校开展心理培训，提供线上丰富课程（如《如何与青春期孩子沟通》），组织开展线下心理讲座与沙龙；

伦理与法律风险防控——

隐私保护：所有干预记录加密存储，仅限授权人员访问；

法律合规：与家长签订《知情同意书》，明确权利与义务。

步骤8：专业赋能。

教师培训：每学期开展“危机干预”“CBT技术实操”等课程；

家长教育：开设“非暴力沟通四步法”“亲子共情日记”等线上课，要求家长学习并实践。

四、“根系互联法”的实践案例：从“荆棘缠绕”到“根系新生”的蜕变之路

（一）学生画像：小A的困境与危机信号

小A，18岁，女，高三理科班学生，独生女。表面乖巧，内心却深陷心理泥潭。

1. 行为特征

日均游戏时长超6小时，昼夜节律紊乱，经常凌晨两三点入睡，但是早上到校基本不迟到；社交圈仅限2名网友，平时在班级中跟同学交流比较少，回避集体活动。

2. 认知扭曲

非黑即白思维（“妈妈毁了这个家，必须消失”），将死亡浪漫化（“杀掉妈妈再自杀是唯一解脱”）。

3. 危机信号

手腕有十多处刀片划伤的瘢痕，多次和同桌的交谈中流露出“活着没意思”

等消极想法。

4. 家庭生态

贫瘠土壤中的“根系断裂”。母亲长期罹患重度抑郁症，病耻感强烈，拒绝就医且社会功能退化（居家2年，回避家庭决策）。父亲是工程师，性格温和，收入一般，存在过度补偿行为（每日陪学至凌晨，包办生活事务），与女儿形成“拯救者联盟”，共同排斥母亲。互动模式单一，家庭对话频次小于3次/周，内容局限于学业督促。

小A的案例面临着三大挑战：

1. 法律困境

母亲作为完全民事行为能力人，有权拒绝治疗，但放任其病情可能加剧小A的暴力倾向。

2. 系统阻抗

家庭存在“隐瞒文化”，初期拒绝向学校、医院披露真实情况。

3. 动态风险

需持续监测小A的情绪波动、家庭互动及药物依从性，避免干预脱节。

（二）“根系互联法”的四维干预路径

1. 根系构建：全网响应的防护体系

（1）预警机制：从“蛛丝马迹”到“全网响应”。

朋辈“侦察兵”：班级心理委员精准捕捉小A的消极言论与自伤行为，每日上报心理教师；

教师“瞭望塔”：因为没提交作业，班主任教师上前关心询问，该生表示：“我都不想活了，还交什么作业。”班主任立即上报学校领导，启动学校危机干预流程；

学校“中枢网”：启动三级响应预案（高危），心理教师介入，与小A签订《安全承诺书》，明确“出现伤害自己或他人冲动时立即联系心理教师”。总务处移除教室刀具，校医24小时待命。

（2）资源整合：校家医社的“根系互联”。

医疗机构锚定“主茎”：通过医教协同绿色通道，迅速将小A转介至区精神卫生中心，确诊抑郁障碍与攻击性倾向，启动药物治疗；

家庭“土壤改良”：社工介入指导移除家中危险物品（药箱、刀具），安装卧室监控（经家长同意）；开展家长心理沙龙和个别家校沟通，以康复案例消除母亲病耻感；

社区“养分输送”：街道派出所联合未保中心排查环境安全，链接社区法律援助中心提供法律咨询，明确父亲监护责任；

学校“中枢联动”：成立小A关爱微信群，成员包括校领导、德育处、年级组长、班主任、导师和心理教师等，实时共享干预进展；上报危机后，区未保中心和心理中心负责人召集街道派出所、学校及关联部门召开联席会议，综合研判风险并制定行动方案；针对心理教师的技术与伦理困扰，学校特邀沪津两地危机干预专家提供督导，联动区未保中心、街道派出所及校内教师开展专题研讨，优化干预策略。

2. 根系延伸：分层干预的精准施策

(1) 破冰行动：穿透“荆棘丛”的柔性策略。

采用非暴力沟通四步法。心理教师对父亲：“我们看到小A多次提到轻生念头（观察），您一定很焦虑（感受）。我们需要共同保护她（需求），能否尝试与精神科医生面谈（请求）？”

家庭“共情日记”：要求父亲每周记录3次亲子之间的“积极互动瞬间”（如共同用餐、讨论兴趣爱好），逐步重建情感联结。

(2) 分层干预：从“急救”到“滋养”的全周期支持。

高危层（医疗主导）：精神科医生每月督导心理教师，优化CBT（认知行为疗法）方案，同步调整药物剂量；动员家长参加学校与区精卫的医教结合项目，参加一带一咨询和家长沙龙，由医生、社工、心理教师三方协同，破解亲子沟通僵局；

中低危层（生态浸润）：学校成立小A关爱微信群，及时互通信息，商讨如何援助小A；心理委员组织“情绪漂流瓶”团体活动，帮助小A重建同伴关系；社区链接博物馆、图书馆资源，通过参观和活动体验，激发其写作兴趣（小A曾梦想成为作家）。

3. 根系滋养：科技赋能的动态追踪

情绪监测：教师、家长和心理委员实时监测小A情绪，特别关注其在同学交流或社交媒体发言中的情绪关键词（如“绝望”“解脱”），实时预警潜在风险；

医教协同平台：医院、学校、家庭共享服药记录、咨询进展与家庭互动日志，确保干预无缝衔接。

4. 根系深化：政策与文化的双重破冰

政策锚定：校家医社签署《协同工作章程》，明确各方职责（如学校负责预警、家庭参与监护、医院提供诊疗、社区补充服务）；

能力建设：学校教工每学期接受危机干预的专题培训；家长参与学校与社区提供的亲子沟通等线上课程，并学习在生活中加以应用。

（三）干预成效：从量化数据到生命重建

个体蜕变：医院评估小 A 抑郁量表（SDS）得分从 72 分降至 43 分（6 个月内）；自伤行为归零；游戏时长缩减至日均 1.5 小时；重拾写作并在校报发表短篇小说。

家庭新生：亲子沟通频次从每周不足 3 次提升至 10 次，家庭互动内容显著增加；母亲首次同意接受心理咨询与治疗。

五、启示与展望：迈向“智能根系”的新纪元

（一）生态逻辑的重构

从“救火”到“造林”：心理危机干预需超越“个体修补”思维，转向“根系培育—土壤改良—阳光普照”的生态系统建设。

（二）协同本质的升华

动态适配的智慧网络：校家医社不是机械叠加，而是如根系般互联共生，动态适配学生需求。

（三）未来方向

数字化赋能：探索“AI+心理”双轨模式（如 VR 情绪宣泄、智能情绪手环、大数据监测），让干预更智能、更温暖。

当校家医社如根系般紧密交织，当科技与人文共绘干预蓝图，每一朵曾被荆棘缠绕的“花蕊”，终将在生态化支持下绽放生命的华彩。

（上海市卢湾高级中学　刘金艳）

图书在版编目(CIP)数据
“联”动未来：发挥学校主导作用的校家社协同育人机制构建／周雯婕编著. -- 上海：文汇出版社，2025. 8. -- ISBN 978-7-5496-4574-9
Ⅰ. G636
中国国家版本馆 CIP 数据核字第 2025A6X539 号

“联”动未来：发挥学校主导作用的校家社协同育人机制构建

编　　著／周雯婕
责任编辑／钱　斌
封面装帧／达　醴

出 版 人／周伯军
出版发行／文汇出版社
上海市威海路 755 号　(邮政编码 200041)
经　　销／全国新华书店
排　　版／南京展望文化发展有限公司
印刷装订／浙江天地海印刷有限公司

版　　次／2025 年 8 月第 1 版
印　　次／2025 年 8 月第 1 次印刷
开　　本／710×1000　1/16
字　　数／158 千字
印　　张／10.75

ISBN 978-7-5496-4574-9
定　　价／79.00 元